MARIO PROTH

VOYAGE

AU

PAYS DES PEINTRES

SALON DE 1875

AVEC DESSINS AUTOGRAPHES

DE

MM. Albert-Lefeuvre, d'Alheim, Amy, Bastien-Lepage,

Henry Cros, Jean-Paul Laurens,

Lhermitte, Léonce Petit, Frédéric Regamey.

PARIS

CHEZ HENRI VATON, LIBRAIRE,

25, Quai Voltaire, 25.

1875

VOYAGE

AU

PAYS DES PEINTRES

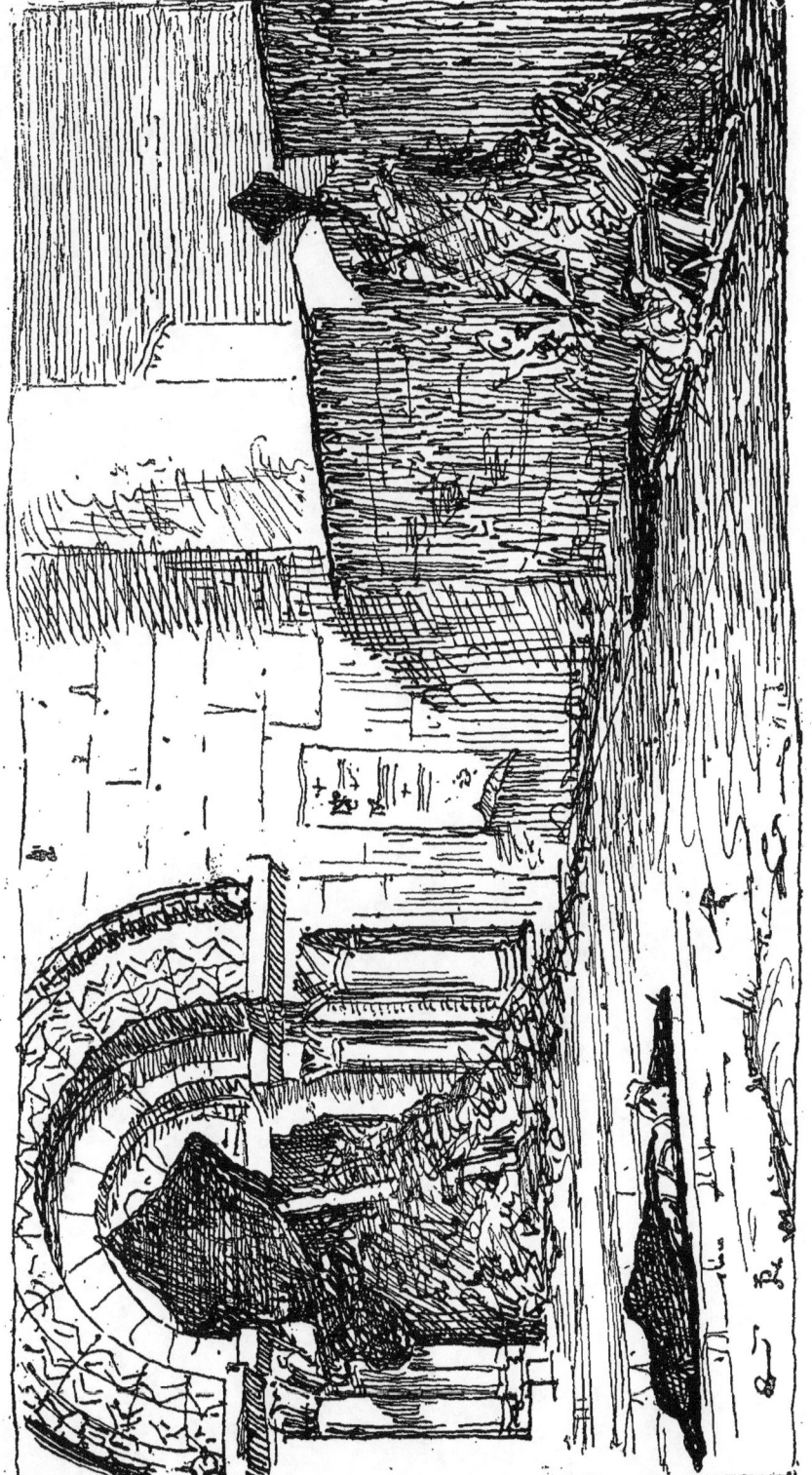

L'Interdit, par Jean-Paul LAURENS.

A MON AMI PAUL ARÈNE

AU LECTEUR

Le *Voyage au pays des peintres*, Salon de 1875, que nous publions aujourd'hui en volume, a paru dans un journal hebdomadaire parisien. La première publication, nécessairement lente, a beaucoup retardé la seconde.

Sans doute l'on trouvera bizarre, tardive et inutile cette revue d'une Exposition, un mois après sa fermeture. C'est tout simple. L'art, par la faute des artistes, n'a point de palais à lui. Il loge en garni dans un palais de l'Industrie, où une exposition chasse l'autre. Si bien qu'il lui faut déménager rapidement chaque année, à l'heure même où Paris commence à se peupler de visiteurs étrangers. Six semaines pour examiner et juger, même brièvement, quatre mille œuvres d'art, cela nous semble bien peu. Et pourtant combien estiment que c'est trop encore!

Notre petit livre, essai fort humble et bien tardif en effet, s'adresse donc uniquement à ceux qui se plaisent à garder un souvenir durable de l'Exposition des beaux-arts. Ils pensent, ceux-là, qu'un Salon, préparé par tant de veilles et d'efforts, est une assez importante manifestation de l'intelligence française, et aussi des mœurs et de l'esprit contemporains, pour mériter qu'on ne l'oublie point du soir au matin et qu'on lui accorde une actualité raisonnable, quelque chose comme la moyenne entre une course de chevaux et la *Fille de madame Angot*.

Nous remercions vivement les artistes qui, par des dessins autographes, ont bien voulu associer leurs noms à notre tentative. Une autre fois, nous nous y prendrons plus tôt pour arriver mieux et plus vite, et avec des dessins plus nombreux. Ce que nous avons cette fois improvisé, nous l'organiserons mûrement. A chaque année sa peine.

M. P.

VOYAGE
AU
PAYS DES PEINTRES

I

Pas de printemps pour les peintres. — L'Iliade de la Cymaise. — Un peintre peut souffrir. — Histoire d'une pétition. — On demande un idéal homœopathique. — La première manche.

Nous voici donc arrivés, après tant de grippes et de brouillards, à cette éternelle saison de la Cymaise, vulgairement connue sous le nom de printemps. Car il faut bien qu'il pénètre enfin parmi les masses profondes du suffrage universel, ce secret plein d'horreur ! Oui, tandis que durant les mois bénis de germinal, floréal, prairial, Parisiens et Parisiennes se répandent affolés dans la banlieue proprette pour y contempler la feuille naissante, Messieurs les peintres, ces maîtres obéis, ces directeurs exécutifs de la nature, ne voient plus dans l'arbre ce poëme de fleurs et de verdure qu'ils font payer si cher sur une toile. Ils y voient seulement un bois qu'ébranchent, coupent et taillent des menuisiers farouches pour en fabriquer les Cymaises adorées sur lesquelles reposeront, à portée de la foule idolâtre, les tableaux épargnés par le plus détestable des jurys, qui est toujours bien entendu le jury de la présente année.

Pauvres artistes, tas de génies, car il est convenu qu'avant l'ouverture du Salon ils sont tous des génies! Vous le voyez : à l'heure divine et fugitive où tout aime, sourit et s'ébat sous le ciel bleu, où le financier rêve et le cordonnier roucoule, ils barbotent dans la plus épaisse des proses, sur le chemin d'une passion douloureuse mais obscure, qu'un bien petit nombre parvient à transformer en chemin de la croix. Alors qu'il leur serait si doux de planter leur parasol à couleurs sous le dôme d'un hêtre, *sub tegmine fagi*, ils vident la coupe de toutes les amertumes, ils épuisent la série des effarements.

Quel sera le jury, tout d'abord? De quelles sévérités, de quelles manies, de quelles injustices, de quelles préventions et surtout de quelles envies sera-t-il composé? Pour un peintre en effet tous les jurés sont des envieux. Le jury est nommé. Tout aussitôt s'élève un coassement immense. Là où le sort très souvent porta des soliveaux, le peuple raphaëlesque eût préféré des grues.

Serai-je reçu? serai-je refusé? Autre attente, autre supplice. Les peintres, en ce moment terrible, mais annuel, se souviennent qu'il y a dans la circulation des gens dits de lettres. Ils les vont trouver, ils les étonnent. Ils sont tout confits en révolte, en liberté. Ils exposent des plans de bataille, des projets d'association, des stratégies d'indépendance. On se cotisera. On fera des brochures contre l'ennemi commun, l'État, des expositions libres contre l'exposition officielle. On appellera les frères à la guerre sainte. Ce sera charmant, ce sera grand.

Voici que sont connues les sentences de l'affreux jury! Soudain, les reçus disparaissent en se frottant les mains. Les refusés s'adonnent à une telle clameur que jamais on n'en ouït de semblable dans Israël. Puis ils disparaissent aussi, pour ne point irriter par avance le jury de l'an pro-

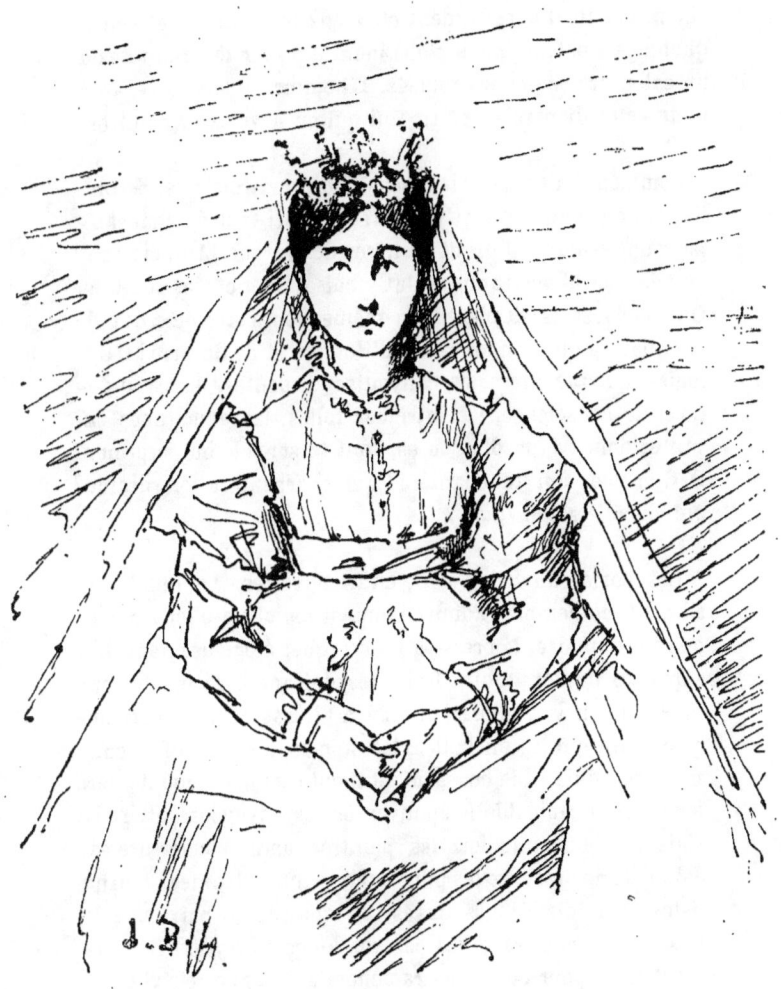

La Communiante, par Bastien-Lepage.

chain. Les meilleurs gardent chez eux leurs toiles, et seuls, quelques amateurs naïfs s'obstinent à porter leurs croûtes à un salon grotesque des refusés. L'homme de lettres regarde toute cette dispersion et rit, lui qui en a vu bien d'autres.

Commence alors pour les reçus l'horreur troisième. Seront-ils, oui ou non, sur la Cymaise? Eh quoi! tant de chapeaux pour une seule tête! disait un héros de Murger. Eh quoi! pour tant de chefs-d'œuvre une seule Cymaise! brament les peintres. Oh! si on les laissait placer eux-mêmes leurs tableaux, que de batailles épiques, renouvelées d'Homère et de Gavarni! O Cymaise, qui racontera les convoitises ardentes, les capitulations de conscience, les intrigues folles, les démarches savantes dont tu fus, dont tu es, dont tu seras le but suprême? O Cymaise! qui te chantera? qui charpentera ton drame? qui chevillera ton *Iliade*?

Les portes du Salon sont enfin ouvertes. Le public est admis à contempler admirativement les chefs-d'œuvre avec ou sans Cymaise, la presse à les critiquer élogieusement. Les supplices ne sont point finis, les doléances moins encore. Après le jury d'admission, n'y a-t-il pas celui des récompenses? A qui les médailles, les rappels, les croix? Les commandes à qui? Et le coassement monte toujours, monte vers les cieux, formidable à épouvanter les voyageurs attardés. Mais je soupçonne fort les peintres, après l'ouverture du Salon, de ne plus être les plus intéressantes victimes. Journalistes, administrateurs, jurés, au nom de la paix sociale, taisez-vous, et ne racontez pas vos longs martyres! De telles révélations peut-être nous ramèneraient la guerre civile.

Donc la chose est certaine. Un peintre peut souffrir, il peut être malheureux, il peut être persécuté. Ce phénomène se reproduit visiblement et régulièrement une fois par an, au retour des hannetons et des lilas. Il dure de trois semaines à trois mois. Qui s'en douterait à voir les peintres traverser la vie, choyés, fêtés, caressés, achetés, surfaits, satisfaits, toujours en pleine nature, en plein rêve, dans la perpétuelle fréquentation du beau, se gaussant des états de siége, indifférents à la correctionnelle, négociants sans patente, protégés sans autre obligation que le talent ou la vogue, désarmés de tous les droits, il est vrai, mais débarrassés de presque tous les devoirs?

Résumons-nous. Il y a une misère de l'artiste, à certains points de vue très-lamentable. Celle de l'art est plus profonde, sans doute. C'est l'art français, le premier de tous, qui perd de son ampleur et de sa force dans tous ces débats stériles, dans toutes ces luttes mesquines. Nous sommes médiocrement, très-médiocrement partisan de l'intervention sempiternelle de l'État dans les choses de l'art, si délicates, indéfinies, inappréciables. Nous croyons, non pas seulement quelques jours avant l'exposition, mais durant toute l'année, qu'il ne devrait y avoir d'autre appréciateur souverain du mérite, ni d'autre indicateur des récompenses que le public. Mais hélas! ce que nous demandons là, c'est tout simplement l'idéal. Or, demander l'idéal est le propre d'un radical, et il ne faut point oublier qu'aujourd'hui les radicaux, en art comme en politique, doivent donner à leurs contemporains ahuris d'un tel cynisme l'exemple de toutes les modérations.

Nous serons modérés, sans peine d'ailleurs. Dix mille obstacles nous séparent de l'idéal précité, dix mille dont deux suffisent.

Le premier, nous le rencontrons chez les artistes eux-mêmes. Ils n'ont pu échapper encore à leurs préjugés, à leurs indifférences, à leurs préventions, à leurs habitudes séculaires. Ils en sont encore aux protectorats élégants et despotiques des temps jadis. Ils n'ont point compris que le génie du XIXe siècle a pour double devise : individualisme de chaque effort, de chaque volonté ; association libre et permanente des énergies individuelles. Ils n'ont eu que des velléités d'émancipation, et ces velléités n'ont abouti qu'à des avortements. Il nous souvient, par exemple, qu'en 1872 le conseil municipal de Paris offrit aux artistes la concession gratuite d'un vaste terrain sur lequel ils eussent facilement élevé un palais d'exposition permanente, leur palais à eux, leur chez soi, leur *at home*. La condition requise était une pétition revêtue d'un nombre convenable de signatures. Le nombre fut piteux, le terrain resta vague et le palais de l'art demeura un château en Espagne. Si généreux qu'ils soient, la liberté effraie encore les artistes. Elle en effraie tant d'autres, moins excusables.

Le second obstacle, le plus gros a nom l'Etat. Lui aussi, en sa qualité de français, il obéit à des routines et à des préjugés archiséculaires. Il considère que l'art ne saurait vivre sans sa bienveillance énorme et sa protection massive. Pour le soigner, il s'asseoit dessus. Pour le développer, il l'étreint. Par peur qu'il ne tombe, il l'empêche trop souvent de marcher, et il lui inflige la disette pour lui épargner la débauche. Voilà pourquoi notre fille est muette, et pourquoi les artistes ont gardé leur effarouchement des anciens jours.

Or, ne pourrait-on, en attendant mieux, obtenir un idéal homœopathique, un idéal de poche, léger, conservateur et portatif ? Que l'Etat continue à s'estimer le Père éternel et commun des artistes. Soit, et nous ne lui chicanerons plus cette gênante paternité. Mais qu'il cesse d'en abuser, dans l'intérêt même de ses trop chers enfants, c'est-à-dire dans l'intérêt national ! N'a-t-il point à sa disposition des forces considérables, une armée officielle, sans cesse grossissante et très-disciplinée ? N'a-t-il pas à lui, bien à lui, l'Institut, l'École de Rome, celle des Beaux-Arts, ses ministères, ses clients nombreux, ses obligés, et que sais-je encore ? Avec cette armée-là, avec ses ressources infinies, les récompenses, les budgets, les subventions, les commandes, la tradition, le prestige, ne pourrait-il donc se décider à essayer une lutte courtoise et toujours paternelle contre l'art libre? Et serait-il absolument déraisonnable de concevoir deux expositions voisines, l'une des artistes arrivés à l'officialité, l'autre de l'art libre? Celle-là, le gouvernement l'organisera, la mijotera, la pomponnera, comme il convient à un père légitimement orgueilleux. Celle-ci, il déploiera, pour la laisser s'organiser, une bonté touchante, une amabilité exceptionnelle. Gracieusement il lui accordera un emplacement vaste, un règlement libéral, et lui rendra pour l'élection de son jury le suffrage universel, cette conclusion obligée, cette loi finale de la France artistique, tout autant que de la France politique.

Et de la sorte, il n'y aura plus d'enjambement de l'art adopté sur l'art libre. La partie commencera entre eux, entre le devenir et le parvenu, sinon tout à fait égale, au moins loyale, en plein soleil. Le public jugera les coups. L'Etat gagnera la première manche, c'est probable. S'il hésite, c'est qu'il n'est pas sûr de la belle.

Mais ce n'est que trop de bavardage, au seuil du Salon. Entrons. Nous ferons ensemble, si cela vous agrée, un voyage dans ce pays des peintres. M'est avis que nous y verrons des choses étranges. Voyage est l'expression juste. Je n'ai ni le désir ni le droit d'entamer un cours d'esthétique. Je ne me connais pas plus que vous, lecteur, en peinture. Ni beaucoup moins, je l'ose espérer. Ce sera un voyage d'impressions, aussi naïves que possible. De l'impressionnisme, puisque le mot est à la mode.

Nous n'avions donc point assez de mots en *isme!* Quand donc les supprimera-t-on en masse, et sans pitié? L'individualisme excepté.

II

Mais où donc sont les peintres ? — Recette pour les trouver. — Une trace gluante. — Il y a une question Manet. — Le tir du Salon. — La France c'est la France.

En route, et point de faiblesse. Du courage plein les yeux et plein les jambes! car c'est un voyage, non une promenade que nous entreprenons. Songez-y donc : tant de kilomètres de toiles! j'en appelle au bureau de statistique, n'y aurait-il pas là de quoi fournir bout à bout une jolie corde sur le méridien terrestre?

La foule est compacte, très-compacte, très-bruyante, très-animée, très-jaseuse, et l'on voit sans déplaisir que chaque année l'empressement du public augmente. Est-ce à dire que son goût soit décidément formé et qu'une intelligente passion de l'art, une sorte de *delirium* du beau amène au bazar annuel ces longues files de visiteurs? Non pas. L'éducation artistique n'a jamais figuré, que je sache, parmi les meilleures en France, et si notre nation a, depuis les commencements de ce siècle et malgré ses gouvernements, accompli tant de progrès en art comme ailleurs, c'est grâce au Progrès lui-même, c'est-à-dire au vaste mouvement social et politique déterminé par cet incident ignoré ou dédaigné de la plupart des artistes et qu'on nomme, je crois, la Révolution française. C'est elle qui a fait l'émancipation et les loisirs relatifs de presque tous ces visiteurs, elle qui, par la communauté des charges, des droits, de l'instruction primaire, des espérances, leur a inspiré pour toutes les manifestations de l'intelligence française cette curiosité, commencement de la science, cet empressement, gage de préoccupations élevées, symptôme d'une éducation meilleure et d'un acheminement prochain vers les régions sereines de la « Foi profonde ».

Je vois bien le public, mais où sont les peintres? Il y a beaucoup de voyageurs dans ce pays fortuné. Mais où sont les indigènes? Ce peuple est donc ultra-civilisé qu'il n'a point d'habitudes typiques, point de costume national. Que les peintres ne brandissent pas leurs armes en ces jours de fête, rien de mieux. Ils n'en auraient que faire en cette assemblée pacifique. Mais où les barbes rutilantes, les cheveux luxuriants, les paletots amples, les feutres mous? où l'allure dégagée, quelque peu faraude, l'air crâne et bon enfant, la physionomie ouverte et gaie, le contentement de soi que nous avions cru remarquer comme un signe de race chez la plupart des artistes errants de par le monde? Nous rencontrons bien çà et là quelques barbes presque incultes sous des feutres à peu près mous. Ce sont hélas! des barbes rebelles et des feutres misanthropiques de refusés. Quant aux reçus, nous ne les distinguons pas tout d'abord parmi cette foule innombrable de chapeaux soyeux et de toilettes pimpantes. Nous savons, car il est des préjugés dont nous gardent les dieux immortels! que l'aspect fauve n'est pas obligatoire au talent. Mais encore le bourgeois, lui, a un uniforme peu trompeur, uniforme de visage, uniforme d'habits, et, si loin que portent nos regards dans cette cohue, ils ne nous révèlent que des bourgeois.

Heureusement une réflexion nous survient, pas lumineuse du tout. Elle n'est que sensée, cela suffit. Nous observons que devant chaque tableau il y a un public, très souvent composé d'une seule personne dans une attitude à la fois inquiète et contemplative. Elle regarde pour faire regarder. Sa contemplation est une amorce. Très souvent aussi, le public est au pluriel. Avec une, deux, trois ou dix personnes;

un monsieur, centre du groupe, discute chaleureusement le mérite de l'œuvre. Dans les deux cas, seul ou entouré, le regardant, c'est l'auteur. Tenez la recette pour infaillible, on vous la garantit une quinzaine au moins. C'est tout simple : le peintre, songeant qu'on n'est jamais mieux servi que par soi-même, fait noyau d'un public devant son tableau. Il attroupe les curieux, il ameute l'admiration. De la sorte et en forçant nos souvenirs, nous retrouvons quelques-uns des reçus. D'autres, que nous avons eu le bonheur de rencontrer parfois, viennent à nous : les artistes, la Cymaise durant, ont la mémoire exacte des physionomies.

Tant mieux, car nous aurions pu perdre du temps à les reconnaître. Sont-ils assez gentils, assez vernis, émondés, endimanchés! On se mire en eux, comme en des petits sols neufs tout frais éclos de la mère Monnaie. O les belles redingotes bien boutonnées! O les rubans mignons, quand rubans il y a! O les gants vertigineux et les coiffures sans peur ni reproche! O les sourires modestes, les yeux en coulisse, les serrements de main éloquents, les silences bavards, les pruderies coquettes! Par la sambleu! que veut dire tout cela et n'avons-nous point assez du *Catalogue*, sans qu'il soit besoin d'y ajouter toute cette comédie, très humaine d'ailleurs? Cela veut dire qu'en ces jours consacrés, les artistes ne sont plus des artistes, mais des impétrants, des postulants, des aspirants. Et avant tout, des industriels et des commerçants.

Pourquoi pas? c'est l'aboutissement des protectorats officiels, c'est la conséquence des temps. Et l'ensemble des Expositions ne montre que trop aux moins prévenus le débordement de l'esprit commercial dans les productions de l'art moderne.

Ainsi du salon de 1875 où, à première vue, les œuvres fortes se comptent et les tours de force abondent.

Certes, il y a toujours eu dans l'art deux courants, auxquels on peut ramener toutes les œuvres de valeur appréciable. D'une part la sincérité, de l'autre l'habileté. Ici la création, et là le savoir-faire. Aux sincères le souffle, et l'insufflation aux habiles. Les premiers trouvent, les seconds recherchent; Cette différence est éternelle, oui, mais peut-être n'a-t-elle jamais été si actuelle? Les sincères aujourd'hui forment un bataillon, les habiles un corps d'armée, les élèves en habileté une levée en masse. L'empire a laissé là, comme partout, sa trace gluante. Il a corrompu le goût, dévoyé l'imagination, affolé public et artistes, byzantiné l'art pour longtemps. Et il se survit, car bien incapable, le pauvret, de rien inventer, il n'a été que le produit direct, l'expression officielle d'une corruption sociale qui a la vie dure, comme toutes les corruptions.

Il semble que le groupement des artistes en écoles ardentes et rivales caractérise les grandes époques de l'art. Or ici, sauf peut-être dans le paysage où se réfugie la supériorité de l'art français, point de groupes, point d'écoles, seulement des concurrences, des défis entre les Capulets et les Montagus du bric-à-brac. La peinture de genre et de mauvais genre, médiocre en esprit, nulle en poésie, a tout inondé, tout envahi, jusqu'au paysage même. L'école historique a disparu, tuée par la « blague » superbe des contemporains. Si quelques artistes en promenade parfois se surprennent encore à aborder l'histoire, c'est par le petit, tout petit côté anecdotico-pittoresque, donnant de petites, toutes petites toiles, commodes à placer, faciles à vendre, du Brantôme de mesure. Ou bien comme M. Becker, ils dépensent l'espoir d'un talent à construire des Bibles de cent dix-huit pieds de haut dont, avec un peu de blindage, on pourrait aisément fermer les portes d'une ville. Et si de temps à autre le cœur de l'art balance, on le voit, c'est entre l'énorme et le cocasse, entre le puéril et le monstrueux.

Elle serait longue à reprendre, et combien de fois d'ailleurs n'a-t-elle pas été faite déjà, refaite et contrefaite, cette histoire de décadence morale, de curiosité malsaine et de faux goût, qui de faux succès en plus faux succès, d'entraînements en perversions où le public et l'État ont été pertinemment complices, a pour épilogue et dénoûment fatal cette métempsycose peu intéressante, mais fort intéressée, de l'art en commerce. Encore une fois nous ne prêchons pas, nous constatons. Entre les mille preuves à notre appui, nous n'aurions, je pense, que l'embarras du choix. Nous n'en relèverons qu'une aujourd'hui.

C'est la persistance de la question Manet. Car, il ne faut point se le dissimuler, il y a tous les ans une question Manet, tout comme il y a une question d'Orient ou d'Alsace-Lorraine. Elle témoigne d'une façon irrécusable le penchant du peuple français en général et du Parisien en particulier pour ce genre douteux de divertissement qu'on appelle « la scie ». Tous les ans, durant l'opération du jury, l'on pourrait signaler à Paris trois cercles au moins et un cénacle et demi, anxieux de savoir si M. Manet sera reçu ou refusé. Tous les ans il serait refusé, s'il n'était pas reçu. Il commence par l'un et finit invariablement par l'autre. Un homme d'esprit se dévoue pour le sauver et avec lui l'annuel régal des visiteurs du Salon, la joie de la presse et la tranquillité des parents. Cette fois l'homme d'esprit a été, dit-on, M. Carolus Duran, un jeune maître dont le talent grandit entre les sincères, et dont le soleil n'aura jamais rien à redouter de celui de M. Manet. Il nous souvient, et point à nous seulement, qu'un jour un très-galant homme, en bonne occasion, tira un coup de pistolet au coin du boulevard des Capucines, et ce coup fit une révolution, non pas la plus bête de toutes, et il installa son auteur dans la mémoire des hommes. Le procédé a paru bon sans doute à M. Manet, et, ne pouvant pour bien des raisons faire une révolution, il fait chaque année, avec la permission des autorités, et sans danger pour la paix publique ni l'équilibre européen, si instable pourtant, son même petit tapage avec le même coup du même pistolet tiré au même coin de la même salle du même Palais.

Une année cependant, à jamais mémorable sur le turf du Salon, il y eut variante. Le *Bon Bock* fut reçu d'emblée. Le public, excellent diable en somme, toujours prêt à découvrir des qualités sérieuses, crut à un commencement de sagesse ou de sincérité d'un peintre adroit. On attendit et l'on espéra. Etait-ce une préméditation de M. Manet pour ne point « débiner le truc » ? Toujours est-il qu'il y revint depuis avec une incomparable fidélité. Or, si l'on exauçait nos vœux de la dernière semaine, c'est-à-dire si on laissait s'organiser des expositions libres avec jury au suffrage universel, la question Manet disparaîtrait vite, ou je me trompe fort. Étant toujours reçu, M. Manet ne serait jamais refusé. Ses canotiers et canotières descendraient paisiblement leur fleuve indigo où ils ne pêcheront oncques, j'en ai peur, que très menu fretin, et le coup de pistolet annuel de M. Manet ne ferait pas désormais plus de bruit qu'un tir ordinaire de salon.

Mais n'accentuons pas outre mesure la note stridente ou sombre de nos premières impressions de voyage. Personne du reste n'a pu croire en nous lisant que nous avons entrevu seulement des médiocres et des habiles. Par la force des choses et la vitalité nationale, il s'est maintenu, même sous l'empire, il a grandi, il s'est imposé, le bataillon des artistes sincères et puissants. Il figure avec honneur au Salon de 1875, dans l'œuvre de ses chefs aimés, les Breton, les Corot, les Harpignies, les Laurens, les Vollon, *e tutti quanti*. Nous les saluerons au passage, et avec eux leurs jeunes et vaillantes recrues. Tant il est vrai qu'il ne faut jamais désespérer de rien, mais au contraire espérer de tout en ce fier pays de

France, qui, s'il ne tient pas en ce moment la tête des nations par le pouvoir précaire des armes, la tiendra longtemps encore par l'expansion généreuse de ses idées, par la puissance native de son génie!

III

M. Puvis de Chavannes et la noble Radegonde. — *En avant!* — M. Tadéma et le capiton romain. — La Gaule et Luminais. — M. Boulanger. — Poëte et peintre. — MM. Breton. — M. Bonnat, le bon larron et une femme forte. — M. Bastien Lepage et M. Cabanel.

En montant le grand escalier, nous ne nous demandons pas quelle sera la première œuvre offerte à nos regards. Nu n'ignore que l'État, reconnaissant les longs et loyaux services de M. Puvis de Chavannes, lui a fait du palier d'honneur une concession à perpétuité. Le Puvis de 1875 n'est pas moins bon que le Chavannes des années précédentes, ni plus délirant. Toujours le même dessin gracile et savant, avec la même sobriété mélancolieuse de couleur. Est-ce que ce même panneau décoratif n'a point été exposé déjà? Il représente je ne sais quelle Radegonde du vi^e siècle, retirée dans je ne sais quel couvent de Sainte-Croix où « elle donne asile aux poëtes et protége les lettres contre la barbarie du temps. » Un de ces poëtes est la pourtraicture ressemblante de Théophile Gautier, et son voisin n'est autre probablement que le peintre lui-même. J'en suis fort aise pour les *ciceroni* futurs de l'Hôtel-de-Ville de Poitiers auquel ceci est destiné. Ces portraits fourniront le grain de sel à leur petit boniment. Quant à Radegonde, je doute qu'elle émeuve jamais profondément la masse des voyageurs, et j'admire l'obstination cléricale et poncive de cette commande officielle qui s'en va toujours quérir ses héros parmi tous les Childebrand dont nos Boileau ne veulent plus.

Dès le seuil du salon carré, une peinture officielle vous

caracole aux yeux. Nous jetons sur le livret un coup d'œil
effaré. C'est intitulé : *En avant !* Citoyen soumis, nous
obéissons au cri d'ordre, et nous nous précipitons vers la
salle de droite.

Une cohue arrête notre élan. Elle stationne devant un
tableau de M. Alma Tadéma où des hommes en costumes
antiques, plus une femme, regardent des tableaux dans une
sorte d'intérieur qui pourrait bien être un atelier, antique
aussi. Le livret est bref : *Tableaux commandés*. La cohue ne
comprend pas beaucoup. Nous moins encore, et d'un pas
résolu nous avançons.

O le superbe Luminais que voilà! Michelet, le maître, le
créateur de la grande histoire moderne qui était aussi et par
cela même un des maîtres de l'art, eût rêvé des heures devant
ce *Troupeau enlevé à l'ennemi* où notre Gaule, notre chère
Gaule, revit si juste et si vraie en ces cavaliers flaves et robustes qui s'engouffrent avec leur *razzia* mugissante dans
ce chemin creux si noir, si long, si couvert, sous cet ardent
ciel d'orage, au travers de cette plantureuse et luxuriante
nature. Cela est plus que du talent, c'est du grand art historique et national. C'est plus qu'une œuvre, c'est une voie ouverte, une voie large et triomphale. La jeunesse daignera-t-
elle comprendre et pourra-t-elle suivre? Quoique très-remarquable, j'aime moins la toile du *Roi Morvan*, dont le sujet,
moins intéressant, est plus mélodramatiquement traité.
Quelque chose comme un besoin de comparer nous ramène
au tableau de M. Alma Tadéma, et, après un examen appro-
fondi qui est la pénitence de notre inattention première, nous
nous promettons de demander à quelque tapissier érudit si
les Romains pratiquaient le capiton.

La restauration de la vie antique d'ailleurs nous plaît
comme une découverte réelle qu'elle est, après tant d'horreurs
classiques. Nous constatons le louable effort de M. Boulanger;

bien que son gynécée pompéien tourne un peu à l'imagerie décorative.

Et nous nous arrêtons, charmé, devant les *Feux de la Saint-Jean* où Jules Breton a mis toute la vigueur de son harmonieux talent. Rien n'est plus réjouissant et plus calme, rien n'est plus attrayant et plus mouvementé que toutes ces danses de paysannes ébouriffées autour des feux pétillants, rouges défis au noir crépuscule, à deux pas du village enveloppé déjà dans la paix nocturne. Mais au fait, pourquoi nous essouffler à commenter cette page de maître, alors qu'il est un devoir, si commode à notre modeste paresse, de laisser parler le maître lui-même?

> Tandis que dorment les faucilles
> Aux hangars, vers la fin du jour,
> Autour des feux, les jeunes filles
> Dansent en rond au carrefour.
>
> Dans le crépuscule que dore
> Un dernier rayon incertain,
> Sur l'horizon où vibre encore
> La brume chaude du lointain,
>
> On voit leurs silhouettes sombres
> Que baigne un reflet azuré
> Dans le mystère exquis des ombres
> Décrire leur pas mesuré.
> . . . .
> . . . .
> Dansez, dansez, ô jeunes filles,
> En chantant vos chansons d'amour
> Demain pour courir aux faucilles
> Vous partirez au petit jour.

Vous lirez ces strophes et tant d'autres émues, rayonnantes et sereines, dans ce joli volume : les *Champs et la Mer*, que vient de publier chez Lemerre M. Jules Breton. La plume a donc tenté ce magicien de la palette. Il a voulu être deux fois poëte et deux fois peintre. Il a deux fois réussi.

A côté de Jules Breton, Emile Breton. Talents frères. Ne dirait-on point un paysage de l'*Homme qui rit*, ce *Village d'Artois en hiver?* Dans le petit bois, un petit hameau. Trois maisons autour d'un bon gros lourd clocher. Les arbres ne sont point verts, les toits ne sont pas rouges, le chemin n'a plus de fossés, plus d'ornières. Il y a de la neige sur les arbres, sur les toits de la neige, de la neige sur le chemin. Où sont les hommes? dans les maisons sous la neige. C'est l'horrible sommeil de l'affreux hiver. Et cependant il y a du vert dans ce tableau, il y a les pans droits d'une verte voiture de saltimbanque à moitié enfouie sous la neige, derrière l'auberge. N'est-ce pas la Green Box, cette voiture? et Gywnplaine et Dea ne sont-ils point en train de s'adorer là-dedans?

Il y a émeute dans cette salle. Le prétexte en est : M. Bonnat. Les avis sont divers. Je comprends ça. M. Bonnat est ce que l'on appelle un homme réputé. Il a donc ses fanatiques. Je n'en suis pas. D'abord parce qu'il n'y a rien de gênant comme d'être fanatique, ensuite parce que M. Bonnat me semble avoir quitté sans motif suffisant la droite route de la sincérité pour s'engager dans le chemin de traverse du truc. Il donne dans cette chose effroyable que le Parisien traduit par ce mot expressif : *l'épate*. Il y donne avec récidive. Déjà l'an dernier il nous offrait en guise de nouveauté un Christ apocryphe, un Christ de cinquante-cinq ans, avec les pieds sales et une figure, comment dire? la figure du traditionnel coin de bois, alors que le Christ mourut à trente-trois ans comme Alexandre ou lord Byron, que Madeleine sans cesse lui baignait les pieds de parfums et de larmes, et qu'il avait cette beauté élégante et supérieure très admirée des hommes, fort appréciée des femmes, et si bien comprise par Bida, le grand artiste des *Saints Evangiles*. M. Bonnat, c'est probable, avait pris le bon (?) larron pour le Christ. Erreur peu respectueuse, et quasiment inexplicable chez un homme d'instruction.

Voilà que cette année, ayant à peindre une actrice de renom, il la fait théâtrale. Ce n'est pas adroit, d'autant plus que la dame, étoile du Gymnase, est dame du monde et de comédie. Or, n'est-il pas vrai que M. Bonnat a projeté sur un mur de cave son blanc costume? N'est-il pas vrai qu'il l'a représentée debout, s'appuyant d'un bras athlétique sur une chaise à bâtons dorés de chez Duval, faisant mine de soulever de ce bras vainqueur selon l'horizontale traditionnelle ce colifichet qu'une enfant de six ans suspendrait sans peine à son petit doigt? Le visage est dur. Raide est la robe, si raide qu'on la croirait capable de résister à ce vaillant coup de hache, l'exercice de Cromwell dans le drame du Châtelet.

C'est fort dommage, en somme, de voir ainsi se fourvoyer un grand talent, et nous souhaitons de tout notre cœur à M. Bastien Lepage, le très jeune et très heureux voisin de M. Bonnat, nous lui souhaitons ce qu'il faut de caractère pour maintenir supérieure à tous les entraînements du succès la sincérité d'excellent augure qui lui vaut de si brillants débuts.

Ces deux portraits, en effet, celui de la *Communiante* avec sa petite tête de maligne reinette, émergeant d'un flot de gaze et de tulle, celui du personnage décoré, un monsieur très moderne et très fort dont le nonchaloir satisfait, la physionomie précise, la main saturnienne ont été rendues avec un rare bonheur, ce sont là des coups d'éclat qui ont pour résultat d'obliger extraordinairement leur auteur.

Le livret nous rapporte que M. Bastien Lepage est un élève de M. Cabanel, et l'on nous apprend qu'il a vingt-cinq ans au plus, et qu'il va concourir, le malheureux! pour l'école de Rome. Que M. Lepage y prenne garde! Avoir résisté à M. Cabanel, c'est quelque chose, et la preuve irrécusable d'un solide tempérament. Mais il ne faut point tenter le diable. L'école de Rome est une terrible personne, et d'ordinaire quand on lui

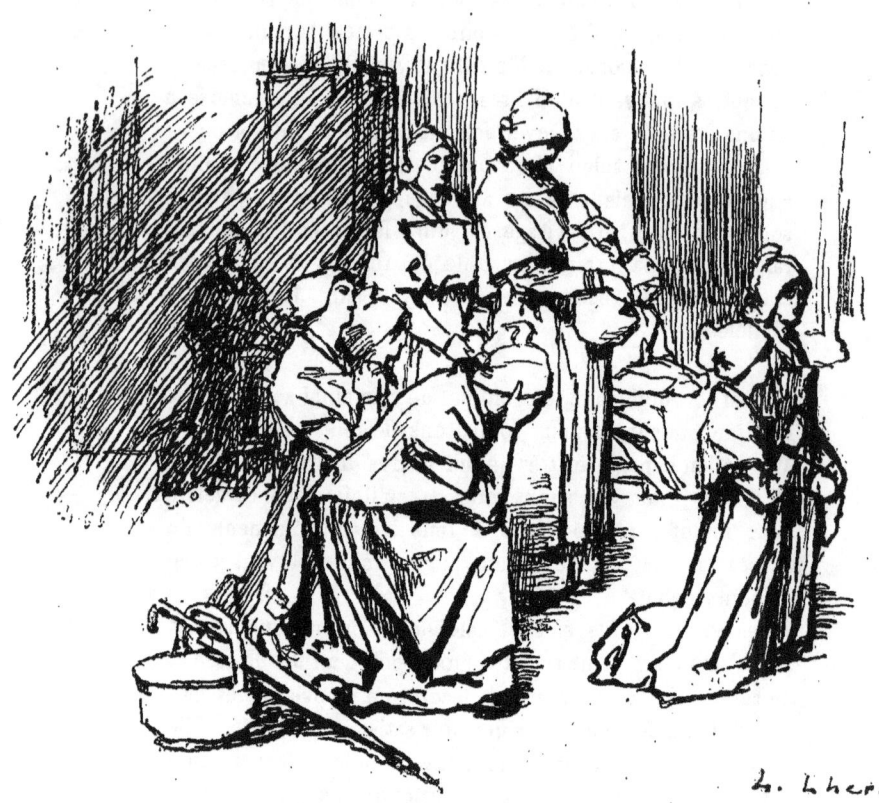

Pèlerinage à la Vierge du Pilier, par Lhermitte.

résiste, elle vous assassine ! S'il en est temps encore, jeune élève, *tener alumne*, réfléchissez.

Tout justement nous passons devant ces ruines presque navrantes, la *Thamar*, une dame point gaie du tout et qui a eu bien tort « de déchirer sa robe, » la *Vénus* si dépitée de prêter à rire entre ces deux Corot, testament magnifique du maître à qui le jury de l'an passé préféra M. Gérôme.....
O Muse officielle, implacable Siva, regarde où tu conduis tes croyants !

M. Cabanel, il est vrai, doit avoir, comme tous ses frères en l'Institut, l'illusion chevillée, et nul doute qu'il ne sourirait à sa gloire si, comme nous, il entendait une théorie de rapins — cet âge est sans pitié — descendre les Champs-Elysées en fredonnant le refrain bien connu :

> Ah ! pour moi que la vie serait belle
>   Si j'étais Ca
>   Si j'étais Ba
>   Si j'étais Cabanel. *(bis)*

IV

Inter bockula. — M. Jules Lefebvre. — A quoi pensent-ils? — M. Paul Laurens. — M. Muncaksy et les jeux innocents. — MM. de Neuville, Bayard et Detaille. — Où on revoit M. Nazon. — Les artistes voyageurs. — MM. Jules Laurens et Guillaumet.

Comme nous devisions au buffet, *inter bockula*, quelqu'un dit : Avez-vous vu le grand tableau de Jules Lefebvre? Que vous semble-t-il de cette femme dont l'élégante nudité blanc rose plane mollement accoudée sur une ottomane de blancs nuages, qui s'élèvent lentement d'un ruisseau joli où baignent les nénuphars et où se viennent désaltérer les oiseaux bleus, couleur du temps? Ne dirait-on point, sans méchanceté, l'apothéose de la poudre de riz? Si j'étais la Compagnie florale ou le Syndicat de la grande parfumerie, je ne reculerais devant aucun sacrifice pour accrocher ce tableau dans la salle de mes délibérations. — Vous n'avez donc pas lu, reprit un autre, la légende inscrite sur le cadre même?

Et... le rêve se dissipa dans les vapeurs du matin.
OSSIAN.

Ossian n'est-il pas un des bardes qu'affecte l'impériale rengaîne? Je soupçonne donc M. Lefebvre, l'auteur de ce gommeux de Woolwich qui fit l'an dernier un si méchant bruit, je le soupçonne d'avoir comme involontairement symbolisé en une facile et saisissante allégorie l'évanouissement lent, mais authentique, du rêve bonapartiste....

Ces menus propos nous intriguèrent fort, et nous nous rendîmes, pour en avoir le cœur net, par-devant l'ossianesque tableau. S'ils n'avaient point tout à fait raison, nos interlocuteurs, ils n'avaient pas absolument tort. M. Jules Lefebvre, ex-professeur et portraitiste de celui qui ne sera jamais Napoléon IV, est un des jeunes talents que l'empire n'a, je l'espère, que momentanément gâtés! Peu de débutants ont révélé autant de qualités précieuses que jadis M. Lefebvre dans ce merveilleux rendu de l'animal féminin, la *Femme couchée*, dont Alexandre Dumas est l'heureux possesseur. Ces mêmes qualités, on les retrouve cette fois dans sa *Chloé*, une page remarquable, d'une voluptueuse et pénétrante saveur, très-piquante interprétation de l'idyllique Chénier, mais non point dans le *Rêve*. Je n'y vois guère, pour parler l'argot des ateliers, que du flou et du brio, du brio et du flou. Cela ne suffit pas.

Bien autrement glorieuse pour son auteur est cette œuvre désormais célèbre, l'*Interdit*. M. Viollet-Leduc, dans un excellent article (1), que nous signalons à la méditation de tous les artistes grands, moyens ou petits, rappelle ce mot de M. Thiers, visitant l'Exposition de 1872 : « A quoi pensent-ils? » Ce mot si juste et d'autant plus significatif qu'il est d'un très-fin critique d'art, nullement classique, ne lui fût point venu aux lèvres devant l'œuvre de M. Jean-Paul Laurens. Il pense, celui-là, j'espère! Il pense haut et profond, et cela ne l'empêche pas (ô phénomène!) de faire de la très-belle peinture. Et son succès (ô miracle!) a toujours été grandissant. Ses tableaux pourtant ne sont pas de ceux dont on tapisse les cercles élégants, ou qu'on accroche dans les alcôves parfumées des boudoirs bien cotés.

L'*Interdit!* « Quel horrible, quel affreux spectacle dans
« toutes les villes! Les portes des églises fermées, leur accès
« interdit aux chrétiens comme à des chiens, les offices
« divins suspendus, les sacrements interrompus, le peuple
« ne venant plus aux fêtes des saints, les cadavres privés de
« sépulture chrétienne et leur odeur infectant l'air, et leur

(1) *XIX Siècle*, 3 mai.

« horrible aspect remplissant de terreur l'esprit des vi-
« vants!... » Ainsi parle la Chronique du xı^e siècle. Il fut un
temps, en effet, et vous l'avez dû lire dans le beau *Grégoire VII* de Villemain, où ces choses-là furent possibles, où
le Vatican eut des foudres, de vraies foudres qui firent peur,
de vraies peurs, non à quelques badauds isolés, mais à des
peuples tout entiers. Ces temps-là, sûrement, étaient d'une
naïveté formidable. D'autant plus formidable aussi la mise
en scène, d'autant plus intense la terreur, d'autant plus
dramatiques les mille détails de l'horreur universelle.

Était-il donc si facile à un artiste du xıx^e siècle de s'assimiler parfaitement un pareil sujet? Entre l'insignifiance et le
mélodrame, le chemin est étroit vers le drame vrai. Ce
chemin, M. Laurens l'a deviné, l'a suivi, et il a rencontré non
pas une inspiration, mais l'inspiration, l'unique, celle qu'on
a le droit de nommer géniale. Il a pour ainsi dire abstrait
la quintessence de l'histoire. Il l'a concentrée tout entière en
une petite scène sans nombre et sans fracas, que la mort
seule occupe, la mort sans phrases. Au fond d'une cour, une
petite église massive et fruste, une église du xı^e siècle sur
laquelle fulgure, affiché, le redoutable Interdit. Sa porte
romane est tendue d'un long voile noir, bouchée par des
fascines. Dans la cour, sur le premier plan, deux cadavres,
l'un d'homme, étendu par terre, recouvert d'un long voile
noir; l'autre de femme, sur une claie. Sur celui-ci, quelques
fleurs fanées, protestation courageuse d'un parent, d'un
amant, d'un passant? De l'autre côté du mur, un mur de
cimetière sans doute, une haute croix enveloppée d'un noir
losange. Et, s'il nous souvient bien, c'est tout. Et là-dessus
pèse une atmosphère lourde, chargée de peste et d'effroi.
Pas un vivant, pas un chien, pas un oiseau, pas un insecte,
pas un bruit, pas un bruissement. On ne voit que la mort,
on n'entend que le silence. Le dessin est rigide, correct,
puissant. La couleur est harmonieuse et sévère. On regarde,
on frissonne. S'en faut-il de beaucoup que ce soit un chef-

d'œuvre? Jury, illustre jury, qu'en jugez-vous? Retournez après cela contempler les sept cadavres colossaux de M. Becker, gardés contre les appétits ailés par le moulinet d'une géante, et vous jugerez de la différence des mérites par la différence des impressions.

L'ecclésiastique allégresse du temps que regrettent les jubilés a fourni cette année à M. Laurens un autre sujet : l'*Excommunication de Robert le Pieux*. Cette seconde œuvre est moins puissante que l'*Interdit*. L'effet est plus cherché, moins trouvé. Elle est néanmoins fort belle, et suffirait en l'absence de l'autre à classer son auteur parmi les premiers et les meilleurs de sa génération. En somme, et bien qu'il ne faille pas trop mêler Salon avec philosophie et politique, on ne peut que se réjouir de l'à-propos singulier des sujets choisis par M. Laurens. Ils imposent de sérieuses réflexions au public, par ce temps d'audace et de revendication cléricales, et ils montrent victorieusement, à l'encontre d'un préjugé répandu à dessein parmi les pauvres d'esprit par les esprits pauvres, que talent et succès ne sont nullement incompatibles avec l'élévation et la vigueur de la pensée.

L'*Interdit* a pour voisin M. Muncaksy. Il faut regarder son tableau et en parler. Car ce nom est fait aujourd'hui, et surfait. Il a une cote commerciale des plus respectables. Le *Héros du village*, un pitre en maillot, un Hercule de baraque foraine mimant la boxe pour la plus grande édification d'un public de cabaret a été vendu quarante mille francs à un marchand de tableaux (M. Tedesco, dit-on), qui l'a aussitôt revendu soixante mille. Exemple frappant de la très-appréciable distance qu'il y a souvent entre une cote commerciale et une valeur artistique. Malgré toute notre amabilité habituelle pour les étrangers, malgré notre désir patriotique de voir la France contracter des alliances dans l'Europe orientale, nous sommes obligé de témoigner que si la peinture de M. Muncaksy n'est pas sincère, elle n'en est pas plus habile pour cela. N'est-ce point en quelque sorte du sous-Ribot, c'est-à-dire le mauvais pastiche d'un peintre dont les œuvres les plus remarquables (elles ne figurent pas au salon de 1875) sont elles-mêmes de violents ressouvenirs de Ribeira? Un procédé facile pour obtenir des spécimens de cette école serait, je crois, de mélanger en des proportions savantes du papier brûlé avec du papier relativement blanc et du papier roussi. Qu'on essaye! il y a peut-être là un jeu de société aussi agréable qu'instructif. *Utile dulci*.

Un coup d'œil, en passant, aux Neuville. Il y en a deux cette année au Salon : *Une surprise aux environs de Metz* et l'*Attaque par le feu d'une maison barricadée et crénelée à Villersexel*. Ils sont fort bien tous deux. La *Surprise*, une de ces rares expéditions que permettait Bazaine à son armée, donne une petite toile très-mouvementée, très-claire, très-vivante. Dans l'autre plus grande, un rôtissage convenable de Germains, l'auteur a déployé une verve étonnante. Il est un reproche toutefois, ou plutôt un conseil, que l'on doit se permettre à M. de Neuville. Ses dernières toiles sont de celles dont on peut dire qu'on en a tout vu dès la première fois. Qu'il évite de tourner au Philippoteaux, de tomber dans le panorama. Là est l'écueil, et nous le signalons en toute humilité de critique au très-grand talent de M. de Neuville.

Et puisque nous rencontrons le genre batailles, deux mots de M. Bayard, et deux aussi de M. Detaille. C'est une page très-brûlante, comme l'on dit, que le *Lendemain de Waterloo* de M. Bayard. Les blessés prussiens et français, luttant encore jusque sur les lits de paille des écuries improvisées hôpitaux, avec cette rage de haine que de nouvelles batailles n'ont pas éteinte, c'est une remarquable composition de l'auteur de *Sedan*, mais où l'illustrateur malheureusem'ent prime le peintre. Le *Régiment qui passe*, de M Detaille, musique en tête, drapeaux au vent, sur le boulevard par une journée de décembre, suivi de la foule que l'on sait, rien n'est plus animé, plus moderne, plus parisien, plus gaulois. M. Detaille a commis là une jolie chose, et nous ne lui ferons qu'une très-légère objection. Pourquoi, diable! a-t-il ciré le parquet de son boulevard? Cela doit être gênant pour le cheval du colonel!

Comme nous reprenions notre route, après avoir longtemps étudié la *Surprise*, une œuvre nous appela, signée d'un nom spirituel et charmant, Nazon, pour vous servir. C'est miracle, ma foi, qu'on ne l'oublie point, ce nom dont les signatures se sont faites si rares. Avec ce talent a-t-on bien le droit de garder quelque préférence pour la vie contemplative? Donc le *Rocher de Caylus* (Aveyron) est une fort curieuse impression de nature étrange et sauvage, peinte avec un sentiment exquis dans une tonalité uniforme et bizarre. Et pourtant de celle-là aussi il est juste de dire qu'on a tout vu en une fois.

Ne quittons pas les alentours de l'*Interdit* sans adresser un bravo sincère et chaleureux à l'autre Laurens, celui que l'on appelle l'orientaliste. Nous nous rappelions en regardant la meilleure de ses toiles, *Lac et forteresse de Vann* (*Arménie*), l'enthousiasme si intelligent et convaincu avec lequel nous l'entendîmes un soir chez Victor Hugo parler de la Perse ancienne et moderne qu'il connaît et qu'il dévoile dans ses intimités profondes.

M. Laurens est de la race supérieure des artistes voyageurs, trop peu nombreuse encore.

« L'art, écrivions-nous il y a quelque douze ans, l'art,
« cette expression palpable et multiple, la plus cosmopolite
« peut-être et la plus aisément transmisible de l'idée, puis-
« qu'il symbolise et fixe dans la matière, sous les aspects
« les plus séduisants tour à tour et les plus dramatiques, la

« vie de chaque peuple, la nature de chaque région, l'évène-
« ment de chaque jour, l'art poussé par l'idée vagabonde
« comme elle, avec elle, pour elle..... Quiconque en ce siècle
« où aux lueurs montant de tous les points de l'horizon les
« peuples se cherchent et se dévisagent, quiconque ne sait
« point dépasser l'ombre de son clocher radote sur le pré-
« sent, et de l'avenir ignore tout, jusqu'à la première syllabe.
« Comme les poëtes, comme les philosophes, comme les
« savants, tous les artistes doivent, sous peine de banalité
« stérile, s'évertuer par monts et par vaux vers la synthèse
« féconde de toutes les formes et de toutes les aspirations
« humaines. »

Si nous avions raison il y a douze ans, combien plus encore aujourd'hui, après que de si formidables événements ont donné une impulsion irrésistible et presque vertigineuse au mouvement des études internationales. Bien plus encore aujourd'hui qu'avant la guerre, il nous semble que la littérature des voyages offre seule aux écrivains français une voie nouvelle et vraiment créatrice. De même le salut de l'art français est là, non dans la peinture de genre.

M. Laurens heureusement n'est pas le seul à l'avoir compris, et s'il vous plaît d'admirer un autre orientaliste, je vous recommande instamment le *Bivouac* de M. Guillaumet. Cette halte de voyageurs et de chameliers à la nuit tombante, dans une plantureuse et magnifique vallée, au pied de ces hautes montagnes empourprées par les splendides rayons d'un crépuscule oriental, est certainement une des plus puissantes œuvres que nous ayons vues depuis longtemps. Il y a, je le crois, de par le monde des critiques spirites. Qu'ils demandent là-dessus, pour nous en faire part, l'opinion des nommés Decamps et Eugène Delacroix.

V

Albert, synonyme de Carolus Duran. — Fantin, confesseur de Véronèse. — Legros et l'Albion perfide. — Lhermitte et Feyen. — Les Hercules aveugles. — Une Ève aux courbes folles. — Un lézard ingrat. — Le poëme du golfe Juan. — Marine et Mariniers.

En ce temps-là, je vous le dis en vérité... En ce temps-là, c'était en 1859, voici tout de même un siècle bientôt, parut une revue, sans la permission de Monsieur Buloz. Et elle avait pour titre : *Le Quart d'heure, gazette des gens demi-sérieux*. Et dans cette revue, je vous le dis toujours en vérité, il y.eut une fantaisie : *Les Onze Lamentations d'Eliacin*, dont l'auteur n'était autre que Zacharie Astruc. Et dans cette fantaisie il y avait ceci :

« Partons, la mer est belle !
. . . .

— Tiens ! c'est Albert avec des notes plein le gosier. Bon-
« jour ! comment va dame peinture ? Et ton maître Titien ?
— Mon maître se porte comme sa maîtresse, à ravir, et
« la peinture entre en convalescence depuis que je la soigne
« à la suite des grands maîtres vénitiens. »

Or, l'Albert ainsi interrogé et qui ne répondait point tout à fait de la sorte, parce que à vingt ans on ne soigne pas plus la peinture que sa santé, c'était Carolus Duran. Nous le connûmes dans une très honorable bohème où, comme tout un chacun de l'art, il faisait son apprentissage de la vie, et, bien que nous soyons resté son ami, nous ne l'égratignerons pas pour faire plaisir à ses camarades. C'était un prédestiné, dès lors pensions-nous, et Carolus Duran nous a amplement, pleinement donné raison. Autant de Salons, autant de succès, et les récompenses de se suivre sans interruption, et le public d'applaudir sans lassitude. Les bons petits camarades s'en mêlèrent. « C'est un portraitiste ! » s'écrièrent-ils. Grave infériorité pour un peintre probablement, et où ne se sont arrêtés jamais que des artistes de second ordre, comme les Titien, les Rubens, les Van Dyck. Carolus Duran laissa dire, avec cette indifférence facile que donne le bonheur, et il continua l'étonnante série de ses merveilleux portraits.

Cette série ne sera certes point gâtée par les deux portraits de cette année, celui de la petite-fille notamment. Mais il a voulu un autre triomphe qui lui assurât définitivement la maîtrise, et parce qu'il l'a voulu, il l'a trouvé. Sa *Fin d'été* est une réponse désormais sans réplique aux petits confrères et aux grands critiques. Je n'ai pas eu, pour mon compte et depuis bien longtemps, une si complète, si poétique et si chaste vision de la beauté, que ces élégantes femmes nues, inondées de blanche lumière, se baignant dans ce parc réservé, si vaste, si profond, aux grands massifs sourds, sous ce ciel estival qui roule en son immensité bleue de lourds nuages tout chargés d'électriques ardeurs. Et ne voit-on pas aussi que cette page si ferme est écrite d'un trait tout moderne, précis et personnel, aussi loin de l'imitation docile des gens palmés de vert que de l'impuissante bruyance du néo-réalisme? En somme, l'heureux augure que cette *Fin d'été* pour le prochain plafond du Luxembourg !

En ce temps-là encore nous vîmes un jeune homme aux galeries du Louvre, plongé dans l'étude opiniâtre des vénitiens. Il a confessé Véronèse. Je vous ai nommé Fantin Latour. C'est un des plus modestes et des plus infatigables travailleurs de notre époque. Il s'est, lui aussi, conquis une place dans l'art, une maîtrise parmi les coloristes et les sincères. Il n'a point, que je sache, de rival parmi les peintres de fleurs; et il est inutile d'examiner deux fois son *Portrait de M. et Mme E. E.*, pour s'assurer qu'il tient parmi les portraitistes un rang exceptionnel, M. et Mme E. E. sont deux Anglais, deux Anglais de la bonne vieille classique Angleterre de Cornouailles qui n'ont rien à démêler avec la *fashion* londonienne. Mme E. E. debout et solide sur sa base, les mains croisées sur la poitrine, est une femme très sérieuse. Son mari, assis près d'elle, feuillette un carton d'estampes; l'abondante lumière projetée sur lui met en plein relief la manière franche, hardie et juste de M. Fantin. La vie vraie circule dans ces veines. Cette figure, ces mains sont des chefs-d'œuvre de modelé, et tout l'ensemble de la composition respire à plein parfum ce charme intime, cette sérénité parfaite qui sont les caractères essentiels de ce talent si sympathique. Le voici médaillé pour la seconde fois. Il est de ceux à qui cela n'ajoute rien.

Et il est au Salon dans le voisinage de Fantin Latour un peintre dont l'œuvre, très vigoureuse et saillante, nous reporte à nos meilleurs souvenirs de jeunesse. C'est Legros. Il compte parmi les plus francs et les plus puissants réalistes de l'art moderne. On l'a beaucoup trop perdu de vue en France, et c'est là chose très regrettable dont il ne doit se prendre qu'à lui-même. Que des gens de talent s'expatrient pour porter chez des peuples neufs le mouvement et l'esprit français, rien n'est plus justifiable. Mais l'Angleterre n'est point un pays neuf, tant s'en faut, et il nous semble à tort peut-être que pour un Français, un artiste surtout, l'exil seul peut être une raison déterminante d'élire domicile dans cette patrie de l'ennui, laquelle n'a pas besoin de nous, et dont à vrai dire nous saurions, le cas échéant, fort bien nous passer. L'exil ou le succès. C'est un très considérable succès, et très légitime, qui a fixé loin de nous ce peintre de premier ordre, le plus étrange aussi et le plus original de nos aqua-fortistes.

Le Salon français a cette année deux toiles de lui, bien caractéristiques. Dans la meilleure, les *Demoiselles du mois de Marie*, on retrouve cet admirable metteur en scène des intérieurs d'église que nous avait dès longtemps révélé l'aquafortiste. Regardez dans ce tableau d'une facture si nette et sévère ces jeunes extatiques, en costume humble et rigide. Comme cela prie ! comme cela voit quelque chose en l'air, une nouvelle dame de la Salette peut-être? Est-il possible de mieux rendre l'hébétude religieuse, et cette œuvre remarquable ne nous évoque-t-elle point tout aussitôt un grave et magistral souvenir : Holbein?

Une coïncidence heureuse assigne pour voisine aux *Demoiselles du mois de Marie* cette toile de M. Lhermitte qui fut un des médaillés de l'an dernier : le *Pèlerinage à Notre-Dame du Pilier*. Là aussi on retrouve une science de composition des plus appréciables. Il y a moins de réalisme dans la manière de M. Lhermitte que dans celle de M. Legros. Il n'y a pas moins de réalité. La couleur est chaude, harmonieuse et fondue. Il a rendu avec une vérité parfaite dans ses vieilles ou jeunes paysannes le caractère mystique de la race bretonne, et il a compris au mieux la grandeur fruste et sauvage des églises de Bretagne. On sympathise vite avec le talent de M. Lhermitte, parce qu'on le reconnaît sincère, et l'on n'a pour son avenir que des espérances qui ressemblent fort à des certitudes.

Un peu plus loin, voici le portrait en pied et en tenue de campagne du général Billot. Nous n'avons plus, je pense, à ressasser l'éloge de M. Feyen-Perrin, puisqu'il est un de nos jeunes maîtres incontestés, et nous applaudissons au galop ce portrait, l'un des meilleurs et des plus éclatants du Salon.

Applaudirons-nous aussi aux *Lutteurs* de M. Falguière; qu

toujours font galerie? Soit, mais d'une main, et selon la populaire sagesse nous garderons l'autre pour demain, attendant avec une patience bien naturelle que M. Falguière ait doué ses personnages de l'organe indispensable de la vue. C'est le manque d'yeux en effet, avec les négligences de la perspective, qui nous trahit en cette occurrence la peinture d'un sculpteur, laquelle avait bien envie de se dissimuler derrière une remarquable mollesse de modelé.

Cependant notre fantaisie, ou peut-être bien celle non moins respectable d'un ami nous ramène aux prémices de l'alphabet, et nous passons rapidement, tranquilles hélas! et blasés, devant les jolies demoiselles (de M. Chaplin,) déshabillées d'une collerette et d'un bouquet de roses, que la belle collection des salons de la rue d'Amb..... a prêtées, dit-on, pour le Salon des Champs-Élysées. Ne vous arrêtez point, ô tendres lycéens, rêveurs de la seizième année! L'idéal que vous offrent ces gentilles péronnelles, vous ne le rencontrerez jamais! jamais!

Et au fait, puisque nous en sommes là, si un peu de morale en action ne vous effraie pas trop, je vous convie et j'adjure vos pères de famille, *Patres familiarum,* de vous mener à la *Création de la femme* par M. Tortez. Là est la saine contemplation, là est la morale préventive. Quand vous aurez vu cette Ève aux courbes folles, à la stupide face et à la gorge hottentotte que présente un père Éternel inédit, Alphonse vétuste drapé dans un rideau d'atelier, à ce jeune Adam de barrière, goguenard et tortu (pourquoi tortu? elle est donc infaillible, la *théorie des noms* de Balzac), vous en reviendrez pour longtemps chastes devant ledit Éternel. On se demandera pourquoi cette toile ne figure pas, non sans avantage, aux Magasins Réunis. L'officiel Catalogue répond : élève de MM. Gérôme et Henner. Ils n'étaient point trop de deux pour un semblable résultat!

. . . .

« C'est ici qu'enivrée de couleur, de lumière, de formes ad-
« mirables, j'eus en un jour d'éblouissement la révélation
« du vrai culte de nos ancêtres athéniens. J'ai vu ce que je
« n'essayerai pas de traduire, mais ce que je sens avec une
« émotion orgueilleuse, ce qui est né sur les rives méditer-
« ranéennes et s'en est rarement éloigné, ce qui a jailli des
« embrassements de l'homme avec une nature qui se pro-
« file, s'illumine et se courbe si divinement sur nos monta-
« gnes, sous notre ciel et dans nos golfes, c'est ici que j'ai
« vu et compris le beau. »

Qui parle ainsi? Mme Juliette Lamber dans les *Récits du golfe Juan*. Et qu'est-ce qui nous rappelle ce charmant livre azuréen! un tableau de M. d'Alheim : Le *Golfe Juan*. M. d'Alheim, on le sait, est le peintre ordinaire de S. M. le Soleil, un roi soleil, du golfe Juan, comme Juliette Lamber en est l'historiographe, et comme Bazaine en fut le lézard ingrat. Deux toiles dans cette salle A B appellent le public : celle de M. Bonnat les badauds, celle de M. d'Alheim les connaisseurs, les esprits fins, les délicats, les poëtes. C'est un défi de lumière. Elle éclaire, la blanche toile, elle illumine tout autour d'elle et l'on dirait qu'un de ces voleurs de rayons dénoncés par la poésie antique a dérobé un éclat de soleil pour le fixer là, sur cette muraille. C'est le golfe Juan dans toute son amplitude, au matin d'une belle journée provençale. De la mer, et puis de la mer. Là-dessus du soleil, et puis du soleil. Ciel blanc, mer incandescente. Peu ou point de terre. A peine sur le premier plan quelques roches, un coin de rivage couvert de chardons d'un blanc jaune, presque couleur de feu, en une harmonie singulière avec l'ensemble du paysage. Dans tout ce resplendissement une petite barque, où l'on devine une femme, au pied d'une roche. Approchez-vous et regardez là-bas, là-bas, tout au fond. Ne distinguez-vous pas vaguement, très vaguement comme une éminence perdue dans la brume chaude? C'est

là où fut le *carcere duro* de ce pauvre monsieur Bazaine...
Oh! golfe Juan, faut-il que vous soyez beau, et avez-vous assez besoin de tels peintres et de semblables poëtes pour que nous vous pardonnions d'avoir laissé rentrer un Bonaparte et fuir un Bazaine!

Une des grandes qualités de la peinture de M. d'Alheim, et vous avez pu juger si nous la prisons entre toutes, c'est la conscience, le respect de l'art, l'adoration de la nature, la sincérité. Trop de sincérité. Ce n'est pas avec cela qu'on attrape des médailles, ou qu'on décroche des timbales. Vous ne pratiquez point assez, Monsieur, le sujet; vous m'entendez bien, le su-jet? La nature, le soleil, qu'est-ce que vous nous chantez là? Faites-nous des tragi-comédies, des charges de mélodrame, comme la *Mort de Sénèque* de M. Sylvestre, ou bien encore des mannequins bourrés de son comme M. Falguière.

En somme, je ne vois pas au présent Salon une seule marine supérieure à celle de M. d'Alheim. Ce n'est pas, bien sûr, à M. Lapostolet que nous la demanderons; son fatigant procédé est usé jusqu'au dernier cheveu du pinceau. Ce n'est pas non plus, je suppose, à M. Boudin. Il a fort bien débuté, M. Boudin, avec un très réel talent qui lui a valu un très réel succès. Il a vite passé à l'habileté, d'où il est tombé dans une sorte d'impressionnisme que nous lui conseillons de soigner d'urgence, et par des médecines de cheval.

M. Lansyer est un artiste de très sérieuse valeur, dont nous avons estimé beaucoup les hardiesses et la vigueur presque brutale. On a vendu dernièrement à la salle Drouot nombre de ses belles études de Paris et de la Bretagne, dont quelques-unes tout à fait supérieures. Il me paraît un peu moins heureux cette fois au Salon. Le mérite de ses toiles est toujours évident, mais ne dirait-on pas qu'il entre dans un système de concessions, et que son énergie incline à la prudence? Qu'il s'observe, il va faire ressemblant!

Une bonne, une excellente marine, c'est celle de M. Ponson : *l'Ile de Riou, côte de Marseille*. Là il y a une vie intense, la brise souffle; la mer tourne un peu à l'agate, mais les rochers sont d'une justesse parfaite. M. Ponson a-t-il été médaillé? Non. Pas plus que M. d'Alheim.
Mais celui-ci, au fait, nous ne le plaindrons plus. Sa petite toile *Les bateaux de corailleurs d'Antibes*, d'un ragoût exquis, vient d'être achetée par un grand artiste, un fils du Midi, M. Gambetta.
Le jury s'est montré galant — et patriote. Il a couronné une dame de Strasbourg, Mme La Villitte. Ses marines du Morbihan ont des valeurs très exactes et dénotent beaucoup d'acquis. C'est gentil, c'est de la romance. Le jury aime mieux la romance que l'ode ou le sonnet. Chacun son goût.

Et puisque aussi bien les journaux publient ce matin la liste des vainqueurs de cette course olympique au clocher, relisons-la donc un peu ensemble, tout à notre aise. Autant, et plus que la Constitution du 25 février, l'arrêt du jury est révisable, sans doute. De notre révision, le jury se moque. Et il fait bien, car s'il ne s'en moquait, ce serait tout comme.

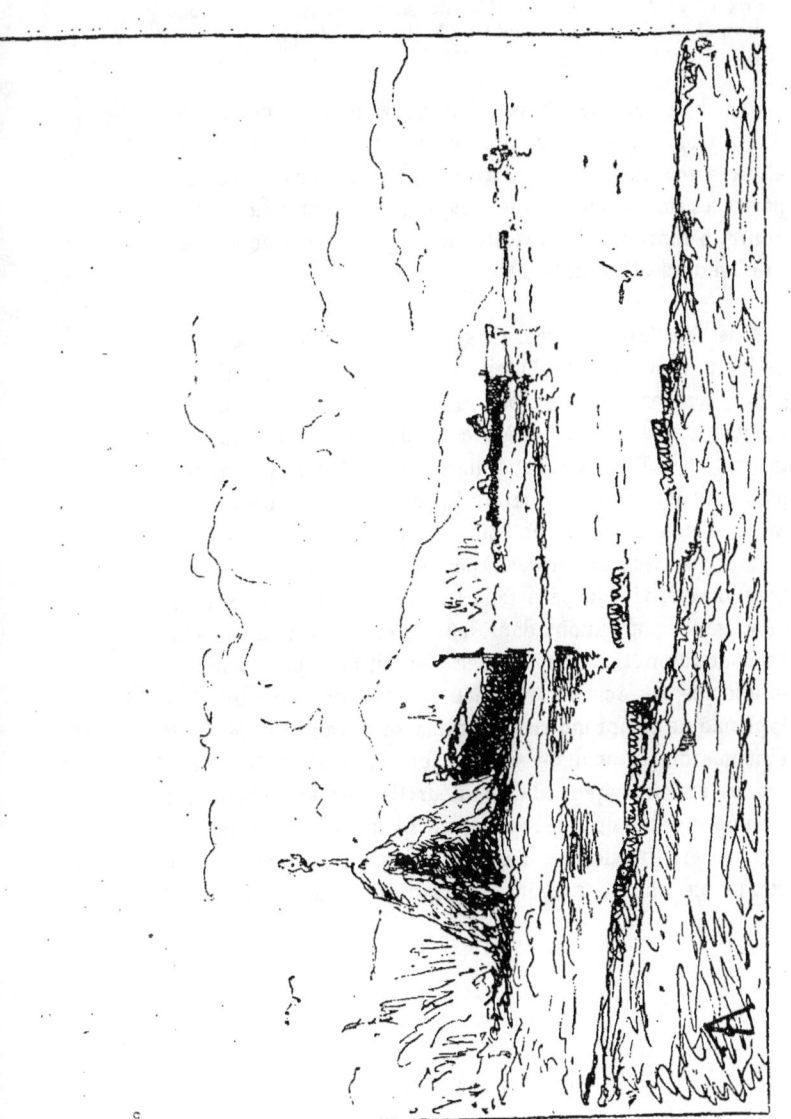
Bâteaux de corailleurs à Antibes, par D'ALHEIM.

VI

La patience d'un géant ou les amours tracassés d'Acis et Galatée. — Prix et pavé du Salon. — Médailles et médaillés. — Ennuyons-nous, et silence dans les rangs ! — Vollon et Valerio.

Quand je vous le disais ! Cela ne vaut décidément rien d'être gros. Un géant ne fait que des sottises et s'aliène sans effort le sentiment public. Savez-vous l'horreur que soulève parmi les cœurs sensibles le Polyphème du jardin du Luxembourg, s'apprêtant à pulvériser d'un quartz énorme les tendres amours d'Acis et Galatée ?

Ainsi fait l'État, ce gros personnage, ce Polyphème bienveillant. Il n'a point d'intention mauvaise. Il ne veut pas gêner, écraser moins encore la liaison naissante d'Acis et Galatée, de l'Art et de la Muse (vieux style). Tout au contraire la protéger, la sanctionner, la féconder même est son plus cher souci, et son quartz à lui, dans la minéralogie courante, a nom : le pavé de l'ours. Il le tourne et le retourne dans sa dextre maladroite. Aperçoit-il une mouche sur le front d'Acis, vite le pavé fend l'air avec ce bruit officiel qui dérange les populations dans leur sérénité. La mouche s'en va pour aussitôt revenir, Galatée s'enfuit pour ne revenir de longtemps, et Acis en est meurtri pour une éternité. Polyphème ne comprend rien. Il ramasse un autre pavé dans l'inépuisable arsenal de sa montagne et, patient, il attend. Acis est encore sur son lit de douleur ; Galatée, tremblante, est à peine revenue qu'il recommence. Et la chose dure depuis des siècles. Un dieu se serait vite lassé : les dieux, c'est connu, ont l'humeur légère. Un géant ne se lasse jamais.

Le dernier pavé de l'État s'appelle le Prix du Salon. Acis ne s'en relèvera peut-être pas. Sa guérison tout au moins paraît douteuse, et si les serments de Galatée n'étaient parole de femme, on la pourrait croire disparue pour toujours. En d'autres termes, cette inutilité formidable, cet encombrement solennel, le Prix du Salon a eu deux effets d'un égal désastre. Une épidémie de composition classique s'est répandue promptement parmi les élèves de Messieurs de l'Institut, s'empressant tous vers le noble but. Autant d'individualités rejetées vers le passé par une ambition hâtive et malsaine, autant de médiocrités en éveil. Et la menaçante invasion que voilà d'élucubrations poncives et ennuyeuses! En outre, parmi tant d'appelés au paradis officiel, il n'y a qu'un élu. Le Prix unique fait un unique heureux. De là quelques enfants chéris et sages à consoler, quelques amours-propres à guérir, des efforts vertueux à encourager. Autant de médailles à distribuer aux plus intrépides coureurs du Prix, autant de récompenses enlevées aux artistes libres, aux individualistes dont une prébende ne troubla jamais le sommeil.

L'État, selon l'habitude n'a-t-il point entrevu de son œil peu perçant cette conséquence aussi fatale que désagréable? Nous lui soumettons notre timide observation, très assuré qu'il n'en daignera tenir nul compte. Et cependant, Polyphème, bon Polyphème! Acis est bien malade, Galatée se désole au désert! Ne laisserez-vous point à la fin ces braves enfants s'unir tranquillement et librement, et la mousse verte envelopper lentement vos roches? Vous n'avez donc plus, géant de notre cœur, assez de monstres à pourfendre, de canaux à creuser, de sabres à fourbir, de gardes champêtres à nommer ou de promenades hygiéniques à faire, qu'il faille ainsi, pour distraire votre toute-puissance, vous mêler incessamment de tous ces infinis grands et petits, auxquels, permettez-moi de vous le redire, vous n'entendrez jamais rien, moins que rien!

Donc il y a foule à la réouverture du Salon, et foule curieuse de contempler les œuvres élues. Nous ne sommes pas des moins curieux, car, malgré de longues et fréquentes visites, nous avons gardé une profonde ignorance de la plupart des noms médaillés et de leurs génies respectifs. Nous l'avouons humblement d'ailleurs, et avec tout le réglementaire désespoir où nous plonge cette manifestation nouvelle de notre irrévocable mauvais goût. Aujourd'hui la foule sera notre guide en cet important voyage de découvertes, la foule et aussi l'obligeante érudition des gardiens.

Nous courons d'abord au Prix du Salon, notre curiosité suprême. Cela représente la *Mort de Ravana*, un roi de l'Inde la plus antique, dont les hauts faits n'avaient guère, s'il en faut croire nos oreilles, rempli les méditations d'un bon nombre de spectateurs, et qui devra au jury français de 1875 un singulier regain de popularité.

« La favorite et les autres épouses du roi de Lanka trou-
« vent son corps sur le champ de bataille (VALMIKI, *le Ra-*
« *mayana*). » On ne peut nier au peintre de cet infortuné Ravana certaines qualités de coloriste, de l'élégance, du mouvement, de l'action. Mais il y a plus de mélodrame que de terreur réelle et d'émotion véritable dans sa composition. Toutes ces femmes posent pour la douleur, et je soupçonne Ravana lui-même de poser pour le mort, comme un pendu de M. Becker, afin d'éprouver le chagrin de ses maîtresses légitimes. Le ciel et le champ de bataille ont des airs de décor, et les étoffes se sentent regardées dans leurs plis et replis.

C'est que l'auteur de cette toile, M. Cormon, est fils d'un mélodramaturge fort connu, ou, si mieux vous aimez, de la moitié d'un mélodramaturge dont l'autre moitié s'appelle M. Grangé. On devine en tout ceci la paternelle tradition. Artistiquement, M. Cormon est fils d'une trinité non moins redoutable que ces dieux à trois têtes auxquels Ravana rendit en des temps voisins de la Fable son âme exotique et illustre :

Cabanel, Portaëls et Fromentin. Cabanel! remarquez surtout ce Cabanel (dont la vie est si belle!) C'est une véritable usine de médailles, de prix, de croix, de récompenses abondantes et variées que l'école de ce peintre auguste. Ses élèves, je l'ose espérer pour leur honneur, le chérissent comme les Français chérissaient Henri IV, *id est* comme leur père. Ainsi patronné, le talent de M. Cormon a pu atteindre jusqu'au Prix du Salon. Il lui reste quelque chemin à faire pour atteindre jusqu'à cet autre idéal, le génie, qu'un des Pères de l'Église des Beaux-Arts, M. Delaroche, eut jadis le tort de confondre avec une longue patience.

A M. Courtat, autre élève de M. Cabanel déjà nommé, une première médaille. Sujet neuf : *Léda*. N'est-ce pas que la Léda de M. Courtat vous semble, comme à nous, le ressouvenir composite d'une foule d'autres Lédas illustres dans l'art? Assez bien exécutée d'ailleurs. Les chairs sont fermes, les tons justes. Cette dame est bien femme en toute son aimable personne. Son regard est bien mutin, son sourire lascif, sa pose voluptueuse et abandonnée. Elle caresse bien le cygne. Très beau, très fier, très ondulant, ce cygne! Un peu grand peut-être pour la Léda qui est petite. Il est vrai que c'est un cygne divin.

En 1795. Ceci vous représente une dame grande, sinon une grande dame du temps du Directoire, avec sa grande figure un peu tragique et ébouriffée, son immense chapeau à immenses plumes, ses gants de maître d'armes, sa canne de tambour major, une robe de velours rouge on ne peut mieux rendue. Cette dame, grandeur nature et plus, a eu le privilége d'attirer un incessant public à elle et une Première médaille à son auteur, M. Jules Goupil. C'est un succès de faire, d'habileté; et, comme le disait fort bien une expression un peu trop oubliée peut-être, un succès « de chic ». C'est du bon commerce enfin, et M. Jules Goupil porte un de ces noms qui obligent. On connaît ces délicieuses gravures teintées de Debucourt qui retracent d'une si pittoresque et amusante façon la vie parisienne des dernières années du XVIII° siècle? Elles ont été déjà fort utiles à nombre de peintres, M. Worms en tête, qui s'en est servi pour nous restituer sans trop d'effort conceptif la physionomie de cette curieuse époque. D'ordinaire on y prenait des groupes. Cette fois, moins gêné et appréciant à sa juste valeur le prix du temps, M. Jules Goupil y a choisi un personnage unique, sa rouge dame dont il a fait un grandissement colossal et impressionnant. *Et nunc erudimini qui jurycatis picturam!*

Une première médaille qui ne vaut au jury que des éloges sans réserve est celle de M. Jacquet. La *Rêverie* est un des plus vifs et des plus légitimes succès qu'un Salon français ait vus depuis longtemps. Peut-on rien imaginer de plus étrangement poétique et séduisant que cette belle jeune fille aux yeux noirs, aux cheveux noirs dénoués, toute « ratatinée » sur elle-même, dans une attitude naïve et quasi enfantine, sous cette longue robe de chambre de velours incarnat qui se détache si bien sur le fond d'or resplendissant du Cordoue de ce grand fauteuil Louis XIII? Elles sont très déliées, presque aristocratiques, ces belles mains dont l'une se ploie, légère et distraite, sous le joli menton de la rêveuse, et dont l'autre ramène sur la poitrine avec une grâce inconsciente les plis du velours ample et négligent? Examinez bien tous les détails de ce merveilleux ensemble : la figure, les mains, les étoffes, le meuble. Trouvera-t-on parmi les meilleures toiles de l'Exposition une exécution plus sobre, une facture plus large et plus correcte, une couleur plus vigoureuse, plus pénétrante et plus chaude! Comme cela est simple, pudique et saisissant! Comme il rayonne, ce regard, comme il vous poursuit! et comme il contient bien par le prodige de l'art tout l'infini d'un rêve de jeune fille, d'une jeune fille de race élégante et supérieure.

En résumé, qu'y a-t-il dans ce sujet peu compliqué? Une enfant assise sur un fauteuil. Eh bien ! ce n'est pas de celui-là, je pense, qu'on a tout vu en une fois ? Et puisque je suis en train de n'y point aller de plume morte, s'il plaisait à mon jury personnel de classer ce ravissant tableau, il le classerait, ma foi! dans le genre chef-d'œuvre.

Mais le temps presse, nous dit-on. Le Salon s'avance, comme le printemps lui-même qui déjà tourne à l'été, et nous serons obligé, après avoir tant musé tout le long de nos premières journées, de galoper un peu notre voyage au pays des peintres pour n'être pas atteint par la prescription de l'actualité, une loi parisienne très sotte, mais très implacable. Aussi allons-nous, pour clore notre sixième journée, transcrire simplement au hasard du carnet nos rapides notes sur les médaillés.

Herpin (médaille de troisième classe). Je reconnais cette jolie rivière semée de jolis flots, au pied de jolis coteaux couverts de bois jolis. Et ces pêcheurs à la ligne, placides sous leurs chapeaux de paille, des parisiens, n'est-ce pas ? des fleuristes en rupture de comptoir. Parbleu ! c'est la *Marne à Chennevières*. Bon paysage, quoique un peu massif, de couleur et d'aspect un peu rudes. Elève de M. Daubigny, on le voit. Médaille méritée.

Ulysse Butin (médaille de troisième classe). Moins méritée, celle-là. L'*Attente*. Des paysannes avec leurs enfants interrogent d'un regard inquiet la mer qui moutonne et le ciel qui se charge. Qualités de composition et de dessin. La mer n'est pas vraie. Elle ne vague pas. Et pourtant la mer, c'est quelque chose dans une marine ?

Dupain (médaille de troisième classe). Un grand diable de

tableau inspiré, ou plutôt motivé par ces vers de M. Duroulis :

> Rien ne dure ici-bas ! La mort impitoyable
> Promenant de sa faulx le tranchant redoutable
> Fait tomber tour à tour
> Les rameaux encor verts, les fleurs à peine écloses,
> Et les jeunes amants qui, sous les lauriers roses,
> Vont se parler d'amour.

Poésie banale, peinture *eadem*. Composition décorative et fausse. Un tas de redites. Exécution molle, couleur médiocre. J'avais toujours cru que le caractère le plus redoutable de la mort est de s'approcher invisible, avec des chaussons de lisière aux os de ses pieds. Si on ne voit pas, si l'on n'entend pas d'une lieue venir celle de M. Dupain, c'est qu'on y met de la mauvaise volonté. C'est une mort géante. Un carabinier défunt aura posé pour elle. Elle rit bien bêtement. Et sa faulx ! Seigneur Dieu ! quelle grande faulx vous avez là, grand'mère ! — C'est pour mieux vous couper, mes enfants ! — Elève de M. Cabanel. A cent, nous ferons une croix !

Delort (médaille de troisième classe). *Embarquement de Manon Lescaut*. C'est très mouvementé. Les petites barques qui voguent vers le grand navire sont chargées de groupes animés. Les costumes sont vrais. Desgrieux et Manon très gentils. Mais la peinture est froide, le navire est de carton, la mer est de bois. M. Gérôme a passé par là. Ce serait très joli en gravure.

Delobbe (médaille de deuxième classe, celle-là). Thisbé, qui se promenait sans penser à mal dans un cinquième acte du boulevard, aperçoit étendu par terre son Pyrame, éclairé par cette lumière électrique à laquelle on doit de si prodigieux effets, et qui pour des spectateurs indulgents et bien disposés figure si bien le clair de lune. Elle se penche sur lui, et puis elle crie tout haut. Mon Pyrame ! — tout bas.: Tu sais, ne ris pas, ou je pouffe ! Élève de M. Bouguereau.

Paul Colin (médaille de troisième classe). *Une Ferme.* Excellent paysage d'une touche un peu dure peut-être, mais très consciencieuse, bien franche. Moins d'étude, plus d'aisance, et rien n'y manquera. Il y a un autre Colin (Gustave). Son *Jeu de paume d'Uruque* (Basses-Pyrénées) est fort remarqué à juste titre. C'est de la peinture vivante, claire, sobre, sincère.

Defaux (médaille de troisième classe). *Le printemps dans les bois à Anvers* (Seine-et-Oise). C'est gentil, oui c'est gentil. Après?

Denneulin (médaille de troisième classe). *Triste recette!* Un talent réaliste très appréciable. On n'oubliera pas ces six musiciens ambulants, qui jouent à se démancher bras et gosier sur une place de village couverte de neige, devant des maisons hermétiquement fermées. C'est solidement et humoristiquement peint.

Simon Durand (médaille de troisième classe). Talent et succès analogues à ceux de M. Denneulin. *Un Mariage à la mairie* où l'époux se fait attendre pour la plus grande inquiétude des parents et le plus grand dépit de la mariée et *Un Bout de conduite*, les saltimbanques traversant la campagne sous escorte de la gendarmerie, sont deux pages amusantes, spirituelles. Composition savante, sentiment exact et fin de la couleur.

Cogen (médaille de troisième classe). *Des pêcheurs de crevettes fuient le mauvais temps.* C'est plein de bonnes intentions, un peu lourd. Décidément la mer est perfide et insaisissable comme la femme.

Adan (médaille de troisième classe). *Un dernier Jour de vente.* On déménage le mobilier d'un hôtel princier. Au pied du grand escalier, un tas de personnages en costumes de la fin du xviiie siècle examinent, marchandent et se disputent les riches épaves. Est-ce qu'il n'y a pas encore dans cette affaire pour complice un gravurier quelconque? École de la passequille et du bibelot, cela s'appelle japonisme dans le monde artistique. Un des maîtres de cette école, c'est M. Pasini. Avez-vous vu la *Promenade dans les jardins du Harem?* Cela ne vous a-t-il pas fortement agacé? Tant de temps perdu, et de labeur, et de science même dépensés pour ces résultats lilliputiens! Et M. Pasini a débuté par avoir du talent, beaucoup même. M. Adan a commencé par M. Picot, et vous me demandez s'il a fini par M. Cabanel!

Wauters, belge. Médaille de seconde classe bien placée. Ce tableau (propriété du gouvernement belge) a toujours été fort suivi. C'est le peintre Van der Goes de Gand (1482), dont ou soigne l'aliénation mentale dans un refuge de Bruxelles. Le prieur fait exécuter de la musique devant le malade. C'est de la bonne et sérieuse peinture flamande, d'un grand accent. Pas de mélodrame du tout. Composition large et vraiment inspirée. A pour voisin dans l'art M. Paul Laurens.

Et cela me fait penser à cette page d'histoire si bien traitée de M. STEINHEIL, *Un tribunal au* xve *siècle : l'interrogatoire.* Vous savez comme on interrogeait en ce pieux temps-là. Il y avait dix mille aimables manières. M. Steinheil en a choisi une des plus mignonnes. L'interrogé est suspendu avec d'énormes poids aux pieds. Là encore l'effet de terreur est grand parce qu'il est simple, trouvé parce qu'il n'est pas recherché. Pourquoi n'a-t-on pas médaillé M. Steinheil?

Zuber. Bons paysages très travaillés. N'y rien chercher d'étrange ni de très saillant. Médaille de troisième classe méritée.

Vayson. Trois bien jolies toiles : *Un intérieur mauresque à*

Alger, plein de soleil et de gaieté, *Une juive d'Alger à la Fontaine* et *Une gardeuse de moutons* dans une vallée. Médaille de troisième classe. Tout le monde avait devancé le jury. C'est très remarquable, la *Gardeuse de moutons,* mais un peu Keepsake. M. Vayson est élève de Laurens l'Orientaliste.

Sautai. Une médaille de seconde classe. Je ne m'y oppose que médiocrement. Cela s'appelle : *Une exécution capitale — souvenir de Rome.* Des moines, des femmes, des paysans lisent avec le respect et les égards silencieux qui lui sont dus l'*avviso* d'une prochaine exécution capitale, que vient de placarder sur ce palais ce colleur funèbre à noire cagoule et à lanterne noire. Il faut n'avoir pas vu Rome pour ne point trouver cette peinture sobre, juste et bonne.

Si vous n'avez pas vu Rome, au moins avez-vous vu Naples? Vous reconnaîtrez donc aussi comme très franc et très exact dans la crudité même de ses tons ce *Maccaroni di sposalizio : Repas de noces chez un paysan de Capri.* Médaille de troisième classe à l'élève Sain. Oh ! mon Dieu, oui !

Quant à M. Vuillefroy, sa médaille de seconde classe était obligatoire. Son *Franc marché en Picardie* et la *Rue d'Allemagne à la Villetie,* où passent les grands troupeaux de bœufs, sont deux œuvres, la seconde surtout, vigoureuses et sincères, un peu désordonnées, un peu gauches, mais puissantes. L'école réaliste, si école il' y a, compte en M. Vuillefroy un maître d'avenir.

M. Poirson est un des meilleurs élèves de M. Cabanel. Il y a de la poésie, du mouvement, de l'air, du soleil dans sa toile, *les Moulières de Villerville (Calvados).* C'est une des bonnes marinettes du Salon. Que sa médaille de troisième classe lui soit un encouragement! Et aussi à M. de Penne, auteur d'*Un*

Cerf forcé tenant les abois. C'est qu'il les tient bien au moins ! Je lui trouve même un peu trop de sang-froid.

Tout en marchant, nous voyons avec une satisfaction vive que l'on a descendu de ses hauteurs empyréennes le beau paysage de M. Ladislas de Paal, un peintre du même pays, mais non du même talent que M. Munkacsy. Et on lui a tardivement octroyé les honneurs de la Cymaise, qu'on aurait bien pu accompagner d'une médaille. Ce lever de lune sur une forêt noire est, je le répète, un des plus beaux paysages de la présente Exposition.

Halte-là ! C'est M. Roll, un médaillé, qui nous arrête. *Halte-là !* c'est un cuirassier de Reischoffen luttant corps à corps, cheval à cheval, avec un de ces cuirassiers blancs de Bismarck qu'un ministre du Bas-Empire massacra tous, on s'en souvient, à la tribune du Corps législatif. Lutte fauve, acharnée, horrible, sans merci. Les cavaliers hurlent la haine, les longs sabres croisent leurs éclairs, les chevaux hennissent la terreur et la rage. Il y a dans cette toile, grandeur nature ou peu s'en faut, du mouvement et de la couleur, de la *furia*. Il y a aussi de l'exagération.

A l'ombre de cette grande toile, une toute petite arrête nos regards. Ce sont des militaires aussi, mais au repos. Des cuirassiers attablés dans un cabaret. C'est simple, c'est d'une facture solide et sincère. Il y a du même auteur deux autres tableaux de chevalet : une *Tête de cuirassier* très belle, et des *Tambours de grenadiers*. Le peintre, hélas ! n'aura pas vu son exposition. Il s'appelait Guillaume Regamey. Il avait fait déjà bien du chemin, quand la mort est survenue, stupide et prématurée. On n'a pas oublié ses *Cavaliers de Chanzy*. Ils resteront comme un typique souvenir de la guerre de 1870. Il laisse deux frères qui sont deux artistes de talent. C'est à eux que nous adressons, après tant d'autres, cet hommage de regrets à la mémoire de celui envers qui le sort fut si prodigue de labeur et si avare d'années.

Je vois une médaille de troisième classe accordée pour nature morte à la *Langouste* de M. Bergeret. Je ne nie pas que cette langouste et son entourage figurent avec honneur dans la culinaire peinture. Mais je reprends de mon autorité révolutionnaire et privée, trop privée, la médaille de M. Bergeret, et je l'attache avec un geste légendaire sur la poitrine de M. Atteudu dont la *Salade mayonnaise* et le *Lapin de garenne*, le lapin surtout, m'ont bien autrement séduit. La main de M. Bergeret me parait lourde, celle de M. Attendu est légère. L'un pioche son morceau, l'autre l'enlève. J'ai toujours préféré l'enlèvement.

Vous vous ennuyez peut-être, comme l'on dit familièrement, après M. Cabanel. Rassurez-vous. Il n'est point homme à nous quitter si brusquement. Le voilà qui revient avec M. Bouguereau nous présenter leur jeune élève, M. Bellanger, auteur d'un *Abel*. Cet Abel est un jeune homme de distinction, étendu mort dans une plaine. Bonne académie. Valait-elle une médaille de seconde classe? Non certes, pas plus que le *Sénèque* de M. Sylvestre (de la maison Cabanel, *anche*). Est-elle encore une fois assez laide, assez déclamatoire, la mort de ce philosophe! Elle en frise le grotesque. Il y a néanmoins chez M. Sylvestre une réelle nature de peintre. Enfin il a eu, comme M. Bellanger, à défaut du grand prix convoité, sa médaille consolatrice.

M. Benjamin Constant, élève de M. Cabanel (médaille de troisième classe). Trop préoccupé de la manière d'Henri Regnault. Son tableau des *Prisonniers marocains* est bien vu, bien pensé, très-habilement composé. Tous ses personnages, gardiens, victimes, assistants, ont la passiveté morne du fatalisme oriental. Mais ils ne sont point modelés, et la couleur manque d'éclat.

M. Comerre, élève de M. Cabanel (médaille de troisième classe). La drôle de *Cassandre* que cette belle fille un peu « tétonnière » qui se tord sur les marches d'un palais plus ou moins troyen, au milieu d'accessoires bizarres. On ne comprend pas. Encore un peintre que l'école égare. Son excellent portrait du sculpteur Injalbert donne tout espoir qu'il se corrigera.

M. Weerts, élève de M. Cabanel (médaille de seconde classe). A-t-on récompensé la peinture, le professeur ou le sujet? Si c'est le sujet, un *Christ descendu de la croix*, la chose s'explique. Mais si c'est la peinture, juste ciel!!!

M. Torrents (médaille de troisième classe). Elève de personne. Allons! tant mieux. Peinture à effet, mais d'un effet sincère et presque saisissant. Dans une pauvre chambre, sur un cercueil entr'ouvert où gît un mort, un vrai mort, un gros moine blanc récite les dernières patenôtres. Des chantres psalmodient. Des confrères à cagoule blanche attendent leur fardeau. Une femme en deuil contemple, muette et sombre, l'homme qui s'en va jeune encore. Mais la manière est un peu sèche, et le tableau manque d'air.

MM. Rapin et Yon (médailles de troisième classe) ont fait deux jolis paysages. Le premier vous séduit par un ravissant effet de rosée bleue sur des feuilles vertes, sous un ciel limpide et clair. L'autre est d'une distinction, d'une finesse extrêmes. Un peu négligé toutefois, mais pas assez pour tourner à l'impressionnisme.

M. Weisz (médaille de troisième classe). *La fiancée alsacienne.* C'est très-gentil vraiment. Mais le jury n'a-t-il point été surpris par le patriotique désir d'échanger une politesse avec un hongrois, ami de la France, qui a semé sur sa toile les trois couleurs à profusion?

M. Eugène Leroux (médaille de seconde classe). *Une ambulance privée pendant le siège de Paris.* Peinture fidèle comme un caniche. Imagerie sentimentale et religieuse.

Voyez-vous bien maintenant le cours irrésistible que suivront indéfiniment les récompenses? Là où elles iront beaucoup, là où elles n'iront guère, le voyez-vous bien? A la soumission, à l'école, à la doctrine de plus en plus. A la liberté de moins en moins. Résultat magnifique et gros d'espérances pour le nom français.

Mais grâces aux dieux! elle est finie, cette tournée de révision! Elle vous a médiocrement amusé, moi pas du tout. Je me suis imaginé, bien à tort je le confesse, qu'il la fallait, et quelques minutes durant j'ai pris mon sacerdoce au sérieux. Agréez, je vous prie, mon humble et fervent repentir.

Je n'ai pas fait d'ailleurs que reviser, toute la journée. Elle m'eût paru trop longue. Je me suis permis çà et là des haltes contemplatives devant quelques œuvres rares. Je n'en citerai que deux aujourd'hui, celles de Vollon et de Valerio.

Le soleil un moment donna en plein sur la splendide *Armure* de Vollon, et nous eûmes alors une vision éblouissante du parfait dans l'art. Les grandes époques n'ont en somme rien produit de mieux en ce genre, et l'avenir comptera cette toile parmi les œuvres du génie. On en peut assurer autant de ce *Cochon* dont le cadavre pend, fraîchement éventré, dans l'horreur sanglante et noire d'un laboratoire de charcuterie. Rembrandt ou Ribeira eût fièrement signé cette magistrale ébauché. Pourquoi M. Vollon, cette année, ne s'est-il attaché qu'à nous peindre des morceaux ? Toujours des morceaux ! Ce laisser-aller, une des infirmités de la peinture contemporaine est bon pour de moins puissants que lui. Un peu de sujet, M. Vollon, s'il vous plaît! Nous vous redirons ce que Benjamin Constant disait aux femmes : « Cela vous fera si peu de peine et à nous tant de plaisir ! »

Avec quelle joie nous avons revu les trois petites toiles de Valerio! Un *Puits d'eau douce au bord de la mer à Carnac.* — Le *Départ pour les champs, souvenir de Saint-Colomban.* — La *Coupe du Goëmon, souvenir des rochers de Kermario à marée basse.* — Revu est le mot, car nous avons eu le bonheur de les voir commencer sur place, en Bretagne, à Carnac même, dans ce grandiose pays, avant-garde de l'Occident européen, dont on ne vantera jamais assez les inénarrables beautés, dont jamais assez l'on ne chantera l'éternelle louange. M. Valerio, qui est (et il l'a bien prouvé par ses débuts) un des premiers parmi la race d'élite des artistes voyageurs, a mieux que personne saisi le sens intime et profond de la merveilleuse province, où fidèlement il revient chaque année. Aussi les mers, les ciels, les rochers, les horizons, les types de la côte bretonne n'ont plus de secrets pour lui. Il n'est besoin pour s'en convaincre que de bien examiner son excellent Salon de cette année, surtout le *Puits d'eau douce* et le *Départ pour les champs*. Il est là tout entier, cet étrange pays des druidesses avec ses grandes lignes sévères, sa haute et calme poésie. Ces toiles sont, elles aussi, deux œuvres de maître et des œuvres de voyant, de penseur. M. Valerio, qui eût pu se contenter déjà d'une très légitime et très honorable réputation, fait depuis quelques années de très notables progrès comme coloriste. Il les doit à sa patience infatigable, à son extraordinaire puissance de travail. Quant au dessin de Valerio, il faut n'avoir vu ni ses expositions, ni ses albums, des trésors, pour ignorer que ce dessin est un des plus purs, des plus savants et des plus harmonieux de ce temps-ci. Dessinateur, Valerio n'a point de rival, et au surplus si vous voulez aller voir aux Aquarelles ses *Alignements, Rochers et Marées de Carnac*, vous en reviendrez aussi parfaitement édifiés que votre serviteur.

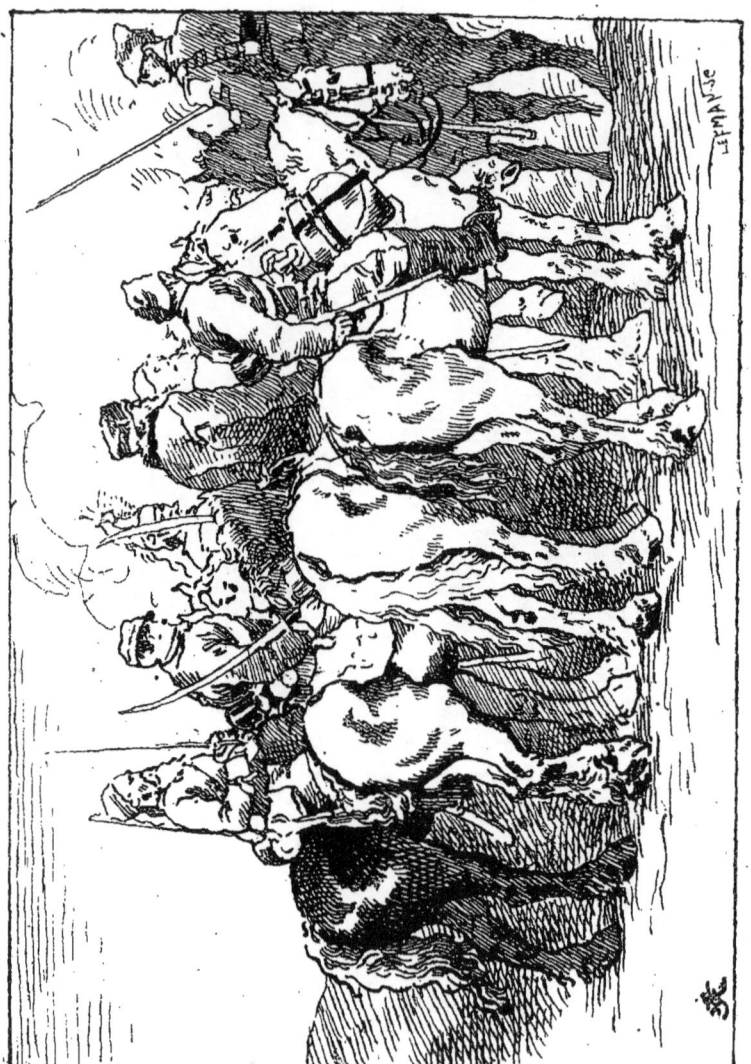

Cavalerie mixte. — Armée de Chanzy, par feu Guillaume REGAMEY.

VII

Où le critique récite un *mea culpa*. — Corot, Français, Harpignies, Hanoteau. — Après les arrivés, les arrivants. — L'avoué de M. Henner. — MM. Harlamoff, A. Dumarescq, James Bertrand, etc. — De la crème dans une montre. — Mlle Tompkins. — Que vous dirai-je encore ? — Et puis encore ? — Le jardin nous appelle !

Et dans la revue à plume débridée, qui terminera notre interminable flânerie au pays des peintres, nous oublierons forcément plus d'un nom léger de gloire et gros d'avenir. Aussi plus d'un nom consacré, plus d'une individualité sérieuse et sûre d'elle-même à qui notre mention serait inutile et indifférente. Ceux-ci n'ont que faire de nos excuses. A ceux-là nous en offrons de fort humbles. Notre avis est que toute toile au Salon, si minime ou infinitésimale qu'elle soit, appelle une mention. Mais aussi pourquoi ces expositions monstres et éphémères? Pense-t-on vraiment qu'il se trouve quelque part un être humain capable d'examiner, de juger et de critiquer quatre mille œuvres d'art en six semaines? Hercule lui-même, un quasi-dieu, eût reculé devant une telle besogne, et lui eût préféré le nettoyage de certaines écuries célèbres, avec intermède d'amour et de laine filés aux pieds de la princesse Omphale.

Le paysage abonde au Salon. Chacun sait que le principal effort de l'école française est là. Un grand nom domine, celui du poëte Corot. La mort qui a des gracieusetés lui a ouvert, pour lui seul, une exposition nationale à l'École des Beaux-Arts. Mais ce n'est point par raison d'économie, je l'ose espérer, qu'on a négligé d'attacher à ses trois magnifiques toiles du Salon un signe extérieur, un symbole quelconque de deuil et d'éternité.

Corot a eu un élève qui s'appelle Français. Grand honneur pour tous deux. Je n'ai pas vu, je n'ai pas entendu depuis bien longtemps plus superbe poésie que le *Ruisseau du Puits-Noir au matin*. Entre deux hautes futaies d'un vert éclatant, une eau fraîche et brillante se joue à travers les roches. On ne voit qu'un pan de ciel. Ce ciel est immense. L'imagination fouille, ardente et comme enivrée les bois profonds. La pensée monte rapide, altière, vers l'horizon bleu. On a de ces visions-là dans les grands voyages. Ce Puits-Noir est un gouffre de lumière. Qu'y faire à moins qu'on n'y rêve? Ainsi fait le maître du lieu, l'oiseau qui rêve, le héron solitaire.

Autre et non moins forte est l'impression que l'on reçoit de cette autre toile, le *Ravin du Puits-Noir (Franche-Comté) effet du soir*. Plus de rayons, plus d'éclat. L'obscurité se rue. La forêt se presse et vous étreint. L'eau est sombre. Le ravin du Puits-Noir est un gouffre de nuit. L'imagination se replie sur elle-même. La pensée a peur et l'âme frissonne. Ceci est l'horreur sacrée des grands bois sourds et noirs.

Harpignies est un poëte aussi. Sa poésie est calme, son genre est l'idylle. Il aime les horizons dégagés, les paisibles rivières fuyant vers de lointaines perspectives entre les coteaux bleuis par les vapeurs de la vallée. Il aime les jolis villages perdus sur la hauteur, les maisons blanches aux toits roses, d'où la fumée monte légère à travers la claire et tiède atmosphère. Il aime aussi les grandes plaines rêveuses et les arbres clairsemés dont les feuillages grêles se découpent bizarres sur l'amplitude des cieux. Harpignies n'a point reçu les leçons de Corot, et cependant il est entre eux une parenté visible, en quelque sorte aérienne. La brise qui souffle dans les paysages d'Harpignies n'est-elle point la brise de Corot?

Non loin de ces idylles voyez une églogue : *Les Grenouilles*. Elle est signée d'un nom de maître : Hanoteau. Au bord d'une mare proprette, au pied de grands arbres touffus, au milieu des aquatiques fleurs, des grenouilles coassent en rond. Elles nous ont tout l'air de tenir un important conseil. Pourvu que ce ne soit pas celui où l'on décide la substitution de la grue au soliveau! Il y en a parmi elles de toute prestance : des grosses, des moyennes, des petites. J'entrevois, j'entends presque une grenouille ventripotente et cossue qui a de faux airs de Rouher, une bourgeoise de l'endroit. C'est elle que je soupçonne de coasser pour la cause monarchique. Les avis semblent partagés, mais apparemment les jeunes reinettes coassent du bon côté. Tandis que dans le fossé la gent grenouille célèbre ses mystères, dans la prairie, tout au-dessus, la gent humaine accomplit son labeur. Des paysans chargent une énorme voiture de blé, et le village au loin sourit sous le ciel vaste et calme. N'est-ce point là une page intime et charmante? Écrite d'un trait ferme et sincère, avec cette bonhomie de couleur et cette rectitude de dessin que les amateurs connaissent, elle est, selon nous, une des meilleures expositions de M. Hanoteau.

Corot, Français, Harpignies, Hanoteau, ce sont des maîtres. Le premier est entré de la gloire dans l'immortalité! Les autres « sont arrivés ». Parlons un peu de quelques arrivants.

Sur une roche haute, par un splendide soir d'été, tandis que roule dans les cieux la rouge lune, le cerf est monté. Il brame à l'astre. Et tout aussitôt de toutes les gorges voisines les biches accourent empressées, à la voix du sultan amoureux. Et sous la nuit étincelante on voit l'immense forêt dormir, comme un océan apaisé, au pied de la roche massive. Ceci est un tableau de M. Masson. Sa large facture, son fier sentiment le distinguent parmi les plus beaux paysages du Salon.

M. Besnus est un espoir de l'école nouvelle. Son tableau, la *Juine aux environs d'Etampes*, est très sincère, très étudié. Impression toute de fraîcheur et de poésie. L'air circule, les arbres vivent. Il y a de la sève dans leur bois. Le village au fond est adorable.

Décidément le *Ravin du Puits-Noir* doit être une fort belle chose, et nous nous en réservons la joie pour un prochain voyage. Après M. Français, il a tenté un franc-comtois, M. Ordinaire. Il y a beaucoup d'imagination et de couleur chez M. Ordinaire. Sa manière a quelque chose d'étrange qui vous arrête et vous séduit. C'est un talent d'avenir. Nous lui conseillerons de ne point trop poursuivre l'effet, et d'éviter soigneusement la peinture décorative.

Nous avons toujours suivi et remarqué les expositions de M. Pierre Billet. Sa manière n'a ni effort ni prétention. Elle est très sympathique et très sincère. Son paysage d'hiver est excellent. Ne réussit point la neige qui veut, et M. Billet s'en est adroitement tiré.

J'aime fort aussi un paysage de M. Bellanger : l'*Etang*. Le livret a beau ne pas nommer le pays de cet étang, de ces bestiaux robustes, de ces maigres et rocheux taillis, qui ne reconnaît la lande bretonne? Une médaille à M. Bellanger!

Et la mer bretonne, qui ne la salue dans ces deux jolies toiles de M. Alfred Guillou : *Pêcheuses de crevettes* et *Après la tempête*? M. Guillou est élève de Cabanel, c'est vrai, et aussi de Bouguereau. Double infortune! Mais il est enfant de la Bretagne, et cela le sauve. Il vit en intimité perpétuelle avec la plus grandiose nature, et l'on s'en aperçoit à ses progrès chaque année plus sensibles.

Un bon point à M. Charles Gosselin pour sa *Lisière de bois*.

Paysage de pluvieuse automne, sombre et désolé, d'une très vive impression. Deux bons points à M. Marcelin de Groiseilliez pour ses jolis paysages très poétiques, mais un peu vagues, et peints peut-être par trop larges touches. Et à M. Dameron, pour ses *Chênes du Grand-Moulin à Cernay*, et *Une Rue de Fourcherolles*. Il progresse, lui aussi.

Un des peintres les plus sincères de ce temps, M. Amand Gautier, a depuis longtemps, je crois, fait son deuil des ovations et des prébendes officielles. Il s'est sagement contenté des succès que lui a décernés à mainte reprise, si vifs et si nets, l'opinion publique. Son exposition de 1875, une toile de genre, une nature morte et un portrait, montre que le sympathique lutteur n'a rien perdu de son talent sain et vigoureux. Alors que tous ces triomphateurs académiques auront passé et trépassé, l'auteur des *Folles* et de la *Promenade du jeudi* restera.

Notons au passage trois artistes belges, M. de Winné pour ses excellents portraits. M. Clays pour sa belle, très belle marine : la *Tamise*. Jamais on n'a mieux rendu et avec des couleurs plus vivantes et plus justes le perpétuel mouvement de la mer et la surprenante activité d'un tel port que celui de Londres. Enfin M. Du Mont pour sa *Fête intime*, une musique de chambre au xve siècle. Debout dans une *loggia* qui laisse voir entre ses sveltes colonnes un coin de ville flamande, un jeune homme chante en s'accompagnant de la mandoline. Une petite assemblée où la femme domine l'écoute, et boit ses chants. C'est gentil au possible, et pour bien signaler à tous le mérite de cette peinture, il nous suffira d'ajouter que M. Du Mont est un des meilleurs élèves de Leys.

A propos de portraits, pourquoi a-t-on perché si haut celui du *Maréchal de Bourmont* par M. Laguillermie? Peinture de commande, c'est vrai, portrait de famille exécuté sans doute d'après une vieille croûte du temps jadis ou une sèche gravure. Autant de difficultés que l'artiste a vaincues. M. Laguillermie a marqué dans les précédentes expositions. Il s'est révélé coloriste, notamment par un très beau portrait d'actrice, et il ne s'est pas démenti cette fois, non plus par son guerrier que par le ravissant portrait de Mme M... Espérons qu'il oubliera l'an prochain les défunts maréchaux, pour revenir sur la Cymaise avec des sujets plus aimables et plus familiers à son gracieux talent.

Le portrait d'un avoué par M. Henner a eu beaucoup de vogue. Le modèle y prêtait beaucoup. C'est une figure des plus caractéristiques, un facies de boule-dogue, quelque chose comme le type de l'avoué rude et grincheux. M. Henner l'a rendu avec une fermeté rare, une sincérité parfaite. C'est plus qu'un tableau, c'est une œuvre.

On n'en saurait dire autant de la *Naïade* du même auteur. Beaucoup de métier et de dessin. Mais le coloriste s'est trop préoccupé du Corrège, et ses chairs tournent à l'ivoire.

S'il est dans la critique d'art un nom synonyme de goût et de science correcte, c'est celui de M. Viardot. Comment se fait-il que le portraitiste de son choix se trouve être un peintre d'un goût aussi contestable, d'une originalité aussi douteuse, M. Harlamoff? Le portrait de Mme Viardot surtout vise à l'étonnement du bourgeois. On dirait la charge d'un cuivre de Vollon.

Un portrait d'un singulier accent et d'une facture puissante, c'est celui de M. Cuching, ministre des Etats-Unis à Madrid, par M. Armand-Dumarescq.

Il y a d'aimables portraits de M. Blanchard, mais je leur préfère sa *Cortigiana*. C'est une personne de grande allure et de haute séduction, un vrai ragoût de prince de la terre ou de l'Église que cette courtisane du XVIe siècle. Belle page de coloriste, étrange à la fois et sobre. C'est presque aussi une belle page d'histoire.

M. James Bertrand est en bonne voie. Sa *Madeleine* a de sérieuses qualités. Mais quand donc les artistes rompront-ils avec de semblables sujets faux et rebattus, où le génie le plus créateur ne saurait désormais glaner que d'insupportables redites? Après l'apothéose d'opéra-comique avec lanternes vénitiennes et feux de bengale que vient de lui offrir M. de Beaulieu, Madeleine n'a plus rien à attendre des peintres de ce monde. Qu'elle s'en retourne au désert! Le *Connais-toi toi-même* n'est pas une redite, c'est une puérilité, une gaminerie toute nouvelle et qui heureusement ne fera point école. Mais tous nos compliments à la *Lesbie* de M. James Bertrand. Elle est d'une adorable pureté de lignes et d'un sentiment exquis.

Nous parlions puérilité. Que dites-vous de l'enfant de M. Muller qui verse de la crème dans une montre? Contemplez ici la décadence d'un romancier de la légende réactionnaire. De l'*Appel des condamnés* à cet enfant, il n'y a pas si loin. « Et pourtant il y a quelque chose là! » se dit le Chénier du Luxembourg. Le baby qui donne à manger à la petite bête de la montre ne se dit pas autre chose. Et si vous voulez savoir jusqu'à quel point M. Muller est fini, son *Roi Lear* n'est-il point là pour vous l'apprendre?

Mlle Tompkins est une jeune américaine qui a exposé trois ou quatre fois déjà. Son premier succès date de l'an dernier. Son petit violoniste italien avait été fort remarqué. Si je ne me trompe, c'est le même enfant qui cette année a posé pour *Un début artistique*. Avec le même modèle, nous retrouvons les mêmes qualités, de l'entrain, du mouvement, de la couleur, mais aussi le même défaut ; avoir pour maître

M. Bonnat. Méfiez-vous, miss, tandis qu'il est temps encore. Vos facultés artistiques sont très réelles, ne les gâtez, ne les perdez point en vous attardant à l'école du truc et du procédé. La chemise de votre gamin est aussi lourde que la robe de Mme Pasca. Elle doit gêner quelque peu votre *piccolo*, si j'en juge par l'évidente crispation de son sourire. Mais vous êtes jeune et vous vous corrigerez. Si quelqu'un en doute, ce n'est pas moi.

M. Armand Leleux, un des mieux connus parmi les élèves d'Ingres, a exposé trois tableaux, entre autres un *Cabaret suisse*, très-pittoresque et vivant. Au rez-de-chaussée, guides et touristes boivent et lutinent les servantes. L'hôte et son escadron s'empressent le long du grand escalier de bois traditionnel. A la galerie du premier étage, indigènes et nomades se mêlent en groupes joyeux. Excellente composition, couleur harmonieuse, que peut-on exiger de plus?

Au sortir du cabaret suisse, nous rencontrons M. Baud-Bovy, peintre génevois. Ses deux tableaux, *Tante Louise* et *Un blessé à mort*, révèlent un artiste consciencieux et fort. *Tante Louise* est un portrait de vieille femme, très-travaillé, d'une touche très-vigoureuse. *Un blessé à mort*, c'est un pauvre chevreuil qui n'a atteint la lisière du bois que pour s'agenouiller dans la convulsion suprême de l'agonie. La manière de M. Baud-Bovy est saisissante, mais un peu rude. Il a le dessin très-correct. Sa couleur est juste. Ce qui manque à ses toiles, c'est de l'air.

Que vous dirai-je encore?

Que Paris, la ville infinie, a fort inspiré deux peintres, MM. Robert Mols et Guillemet. Le premier surtout, dont le *Dôme des Invalides* avec ses alentours est un petit chef-d'œuvre.

Que si le talent de M. Bonvin n'a plus à grandir, sa réputation ne souffrira point de la présente exposition. Tout au contraire.

Que M. Monginot nous a donné un *Roi Mage* d'une fière allure et d'une éblouissante couleur.

Que M. Mérino est un peintre deux fois original, car son atelier est rempli d'œuvres magnifiques dont il ne choisit pas toujours les meilleures pour la petite fête du Salon.

Que M. Jules Héreau s'est retrouvé dans sa *Cavalerie rurale au repos*, toile ravissante, quoique un peu impressionniste, l'artiste de talent qui a reçu l'an dernier les marques d'une si nombreuse sympathie.

Que les chiens de Lambert sont, à leur habitude, des prodiges de chiens.

Que je n'aime pas du tout le *Sacrifice à la Patrie* de M. Olivier Merson. De tels sujets ne sont abordables qu'aux plus simples parmi les puissants. Ils sont affaire de bas-relief plutôt que de peinture. Idée banale, exécution boursouflée.

Que Mlle Marie Lebrun a réalisé dans les *Trois Ages* une chose bien difficile : la nature morte philosophique. Nous aurions fort à discuter sur le symbolisme des trois âges de la femme. Un polichinelle au début, des bijoux au milieu, un crucifix à la fin!... Hum ! J'estime que d'un bout à l'autre il n'est qu'une question, celle du polichinelle, et que les âges se distinguent seulement par la variété du joujou et les variantes du jeu. Quoi qu'il en soit, tous nos compliments à l'élégante et fine artiste.

Et à M. Lionel Royer. Sa peinture est œuvre de tout jeune homme. Il s'est inspiré d'une ballade de Uhland : la *Fille de l'hôtesse*. Dans une auberge, trois seigneurs cavaliers en riches costumes du xvII^e siècle centemplent avec douleur une jeune fille étendue dans son cercueil entr'ouvert. L'un d'eux, un délicieux blondin à genoux, murmure ces vers de la ballade !

> Hélas ! comment veux-tu que désormais je vive,
> Moi qui t'aimais, qui t'aime et t'aimerai toujours !

Macte animo!... etc. Vous avez de l'imagination, de la grâce et vous promettez d'être un coloriste. Mais vous avez pour maître M. Cabanel!

Et encore je vous dirai :
Que M. Jules Garnier a ressaisi dans son *Exécution capitale* d'une truie au moyen âge presque le succès du *Droit au seigneur* et de *La Dime*, et que sa *Baigneuse*, quoique un peu maigriotte, est fort attrayante.
Que M. Lévis Brown a écrit une page spirituelle et charmante, le *Voyage interrompu*.
Que M. Lavidière, un travailleur qui aborde avec une égale sûreté tous les genres, a fait un très bon portrait d'Etex.
Que M. Bridgman est un orientaliste *di primo cartello*.
Que M. Lançon peint les fauves comme Barye les sculpte.
Que M. Bouché est un paysagiste clair et brillant.
Que j'aurais voulu vous parler de MM. Lebel, Leclaire, Koller, et de vingt, et puis de vingt autres. . . . .
. . . .

Mais enfin, que je suis fatigué comme vous, et qu'il nous faut fuir à toutes jambes les peintres, sous peine de tourner au catalogue. Quelle débauche! la vue se trouble, la mémoire s'égare. Et sur deux mille toiles, nous en avons cité cent!

Aussi bien le pays des sculpteurs nous appelle. Un jardin presque frais, avec des fleurs presque naturelles et un essaim de belles filles de marbre, inoffensives. Notre voyage en ce pays-là sera court. Mais j'ai soupçon que nous en reviendrons le regard plus calme et l'âme plus rassérénée.

En avant !

VIII

A la sculpture maintenant ! — Adieu, Minerve ! — Un serre-tête peu flatteur. — Maindron. — Qui ramasse les rognures de l'histoire ? — M. Chapu. — Le secret d'en haut et le faune d'en bas. — MM. Pinceteau, Cugnot, Tournois. — Une laide Juliette. — MM. Perraud, Degeorge, Frémiet. — La bonne lorraine et M. Lefeuvre. — Jacques le Sauveur et M. Préault. — Un costume simple. — Métempsycose d'une oie en guitare.

D'aucuns l'ont reconnu déjà. Si la peinture est en voie de décadence presque rapide, la sculpture marche lentement vers un progrès sûr et continu.

Pour bien des raisons, la sculpture est un art de très grande et très haute tradition, où les médiocrités sont à peine acceptables, où la nullité n'a d'autre issue que le ridicule. Son champ d'action, ses moyens, ses sujets, son domaine en un mot sont restreints. La civilisation moderne par ses habitudes, ses costumes, son exclusion du nu, ses mœurs, lui a été, lui est encore défavorable, sinon hostile, et l'a reléguée longtemps dans les navrantes stérilités de la convention classique. Chez elle en outre, la démarcation est très-nette entre l'art et l'industrie. Si bien que la sculpture a échappé quand même à l'épidémie commerciale dont la peinture est littéralement gangrénée. Elle a dû sous peine de mort, et le temps n'est pas éloigné où le maître d'art Théophile Gautier l'avertissait qu'il ne lui restait plus qu'à sculpter son tombeau, elle a dû secouer sa routine lourde et ses préjugés plus que séculaires. Condamnée à l'étude, à la lutte, au lucre modeste, au progrès forcé à perpétuité, à l'idéal enfin, elle a étudié, lutté, progressé. Elle a eu son insurrection romantique, où ont marqué de puissantes intelligences. Elle est en train d'avoir ce que l'on pourrait appeler sa vision moderne. Elle est sauvée, et bien que le Salon de 1875 ne soit pas envahi par des sculpteurs de génie, on y peut saluer dans quelques œuvres le témoignage infaillible d'une renaissance féconde.

Au premier rang de ces œuvres, l'*Education maternelle* de M. Delaplanche. Exposé l'an dernier en plâtre, ce groupe a gagné au marbre, comme toutes les sculptures vraiment belles. Et il est difficile d'en trouver de plus belles, tant par l'exécution ferme et correcte que par l'élévation sereine de l'idée. Une paysanne dans le plus simple et le plus rigide costume, une infatigable et résignée travailleuse de campagne est assise. Debout et serrée contre elle, une petite fille hâtive et malingre, charmante sous ses longs cheveux et dans la petite robe courte qui ne recouvre pas ses petites jambes nues, suit d'un long regard étonné les lettres que sa mère lui fait épeler. C'est tout. Plus d'attributs poncifs. Adieu la Minerve casquée ou la sempiternelle Muse, et aussi l'éternelle bonne sœur des salles d'asile. Ceci est grave; hardi! Ceci est beau, ceci est moderne dans la grande acception du mot.

Et si l'impression est aussi heureuse, c'est encore une fois que l'exécution ne l'est pas moins. Calme et sévère, elle ne trahit dans l'exacte pureté de ses lignes aucune faiblesse, aucune négligence de modelé. Si j'étais l'État, voilà les œuvres que j'encouragerais. Quant au public, il est entraîné. Une exclamation entre autres nous a manifesté l'état réel de l'opinion. Deux hommes d'éducation moyenne et de physionomie intelligente admiraient ce groupe. Le mouchoir noué, qui est toute la coiffure de la mère, les gênait bien un peu. « *Le serre-tête*, disaient-ils, *n'est pas flatteur*; mais c'est égal, c'est bien fort ! » Allons! un peu de patience, et toute hésitation aura disparu. Et l'on ne demandera pas plus à une statue de M. Delaplanche qu'à une paysanne de Millet, si son serre-tête est flatteur ou non.

Au milieu du jardin s'élève et triomphe le *Gloria victis* de Mercié. C'est sa troisième exposition. Il est en bronze cette fois, et tel qu'on le verra bientôt au square Montholon. I nous semble que le bronze l'atténue un peu. Nous trompons-nous? Cet effet tient-il au gros jour de ce Palais de l'Industrie, plus propre à éclairer des locomotives que des œuvres d'art? Nous attendons avec une parfaite confiance l'installation définitive en plein air. Tout a été dit sur ce groupe magnifique, l'honneur de notre jeune sculpture et de l'idée française. Ainsi par elle se trouve rapporté le décret du Gaulois Brennus : *Væ victis!* que les modernes Germains, peu façonnés à l'esprit nouveau, ont ramassé dans les rognures de la vieille histoire et traduit par cette formule désormais célèbre : *la force prime le droit.*

A deux pas du *Gloria victis*, une autre œuvre née, elle aussi, de nos malheurs symbolise en une forme touchante le même sentiment du sacrifice nécessaire et du dévouement suprême à la patrie. Une pierre tombale quadrangulaire, plus haute que large, porte cette inscription : *A la mémoire de Henri Regnault et des élèves de l'école des beaux-arts tués pendant la guerre de 1870-71.* Une jeune fille, nue jusqu'à mi-corps, se dresse sur la pointe du pied et s'appuie d'une main sur l'angle de la pierre. Elle s'efforce à fixer sur la plinthe du monument un laurier d'or. Rien n'est plus séduisant que cette figure de la *Jeunesse.* Le mouvement est d'une grâce inexprimable, les formes sont d'une exquise élégance. Tout est fin et soigné, jusqu'aux nattes bien tressées de l'abondante chevelure. Nous voilà fort loin des longs cheveux dénoués, des poses crispées et des enflures qui nous ont déplu dans le *Sacrifice à la patrie* du peintre Olivier Merson. Et ces trois belles compositions ne nous autorisent-elles pas à répéter que la sculpture est bien plus avant que la peinture dans l'idée moderne, toute de simplicité, de correction, de fermeté?

On a objecté à M. Eugène Chapu, l'auteur du monument

Regnault, que la jeune fille est trop bien faite, trop appétissante pour sa tâche funèbre. Peut-être. Et cependant si M. Chapu avait voulu écrire dans le marbre une pensée plus austère, quelque chose comme un serment de vengeance prochaine, il l'eût mieux incarnée dans un jeune homme. Je vois dans cette *Jeunesse* une amante, une fiancée. J'y vois une élégie, non une ode. Dès lors la beauté bien vivante de la jeune fille ne donne-t-elle pas à l'ensemble une vérité bien plus touchante?

Et maintenant vous plaît-il de vous édifier par un frappant contraste? Regardez-moi le groupe de M. Perraud : le *Jour*. Il est attendu sans impatience par l'allée de l'Observatoire. Je plains cette allée. « Un des compagnons d'Hercule se désaltère à la source après de rudes travaux et des combats héroïques contre les brigands et les monstres qui épouvantaient la terre. » Rien n'est plus épais ni plus classique. Ce très-gros homme et cette très-grosse femme sont de massives et inintelligentes copies d'antiques archiconnus. Pourquoi ne pas offrir gentiment ce moniteur et cette monitrice au gymnase Triat, où la douce gaieté inséparable des exercices du corps l'aurait vite baptisée : *Un peu de Wallace après le trapèze!* — *Nota bene*. M. Perraud est membre de l'Institut.

Sera-t-il aussi de l'Institut quelque jour l'auteur de cette *Jeunesse d'Aristote*, délice de la bourgeoisie éduquée? Le jeune garçon, gracile et mince jusqu'à en perdre le modelé, comme il convient à un enfant studieux, assis dans une chaise antique, les yeux fixés sur un rouleau d'antique papyrus et tenant dans sa dextre une boule qui le réveillerait par sa chute dans un bassin antique, s'il était possible qu'un si bon élève s'endormît, c'est le futur précepteur d'Alexandre, l'auteur du Chapitre des chapeaux! Oh! oui, M. Degeorge en sera, j'en atteste sa première médaille, gage authentique et précieux.

L'*Age de pierre* de M. Frémiet est une de ces œuvres qu'on ne saurait trop louer, parce qu'elle est d'un talent original et franc, ni trop encourager en raison de sa tendance très-heureuse vers une intimité féconde, aujourd'hui appelée par tous les esprits sérieux, de l'art et de la science. Je doute qu'un vrai savant n'accepte pas comme très-exact et résumant au mieux toutes les données acquises cet homme très-primitif au front bas, au rictus de Peau-Rouge en goguette, à la poitrine velue et tatouée, aux muscles effroyables, aux pieds et aux mains encore crispés en griffes, à l'inexprimable *inexpressible*, dansant pour célébrer son triomphe sur l'ours dont son bras droit serre la tête coupée avec une exhilarante coquetterie, dansant ce cancan préhistorique dont la Closerie des Lilas ne soupçonnera jamais la grandeur. Un artiste sincère trouvera-t-il quelque défaut notable à ce modelé énergique et puissant, à ce mouvement si juste? Alors que des artistes d'une telle valeur s'inspirent de l'effort ardent et vainqueur de la science contre la mythologie, leur œuvre, je le répète, est deux fois belle, deux fois sacrée.

M. Frémiet s'est peut-être un peu trop inquiété des critiques plus ou moins réfléchies dont nos gazetiers ont assailli sa Jeanne d'Arc équestre, et il nous a présenté au Salon une Jeanne d'Arc bardée de fer à genoux sur son tombeau, trop archéologique cette fois, bien qu'il ait conservé à la figure l'étrangeté réaliste de la conception première.

Cette grande et illustre dame d'antan, la plus grande et la plus illustre de toutes, « Jehanne la bonne lorraine, » incarnation la plus haute et la plus émouvante de la patrie, est tout naturellement à l'ordre du jour. Elle préoccupe nos artistes, je veux dire les sculpteurs. Elle hante peu les peintres, gens pratiques tout confits en Madeleine, Pomponnette et Chloé. Il y a donc au Salon deux autres Jeanne d'Arc, une grande et une petite. Nous ne nommerons point l'auteur de la première ; qu'il se corrige et songe que le grotesque est à mi-chemin du tragique! L'autre a valu à son très-jeune auteur, M. Lefeuvre, une des très-rares médailles méritées qu'ait décernées le tout-puissant aréopage. La Jehanne de M. Lefeuvre n'est pas la guerrière, non plus la martyre, c'est la bergère de Vaucouleurs, grêle et chétive, en courte bure et en grossier corsage, aux pieds nus dans des souliers trop larges, laissant s'éparpiller au vent la laine de sa quenouille, pour tendre l'oreille aux voix d'en haut. Il fallait quelque audace pour aborder un tel sujet, presque classique, où tant d'autres se sont brisés. C'est avec une incomparable délicatesse, une habileté d'exécution et une élévation d'esprit du plus favorable augure que M. Lefeuvre s'en est tiré. L'opinion publique l'a vite récompensé. Elle a, non point entraîné le jury qui, à l'exemple de certains, nous a tout l'air de jouer à l'impopularité, elle l'a contraint. Dont acte.

De Jeanne d'Arc qui délivra la patrie à Jacques Cœur qui lui rendit la force de vivre, pas n'est besoin de transition. Il a bien mérité une statue, l'argentier de Bourges, dans ce pays de France dont il a refait la fortune épuisée par l'invasion, et qui a vu tout récemment dresser en bronze sur ses places publiques des Morny, des Billaut et autres *ejusdem farinæ*. Jacques Cœur a désormais une statue digne de lui, qui sera l'une des gloires, la plus haute peut-être, de cet homme de courage, d'esprit et d'immense talent, Auguste Préault. Elle restera l'un des chefs-d'œuvre de cette école romantique dont nous parlions tout à l'heure, et dont Préault demeure parmi les vivants la plus éclatante personnification. Cette belle figure, énergique et loyale, au regard droit et fier, est bien celle que nous donnent les tableaux et les images du temps. On l'avait oubliée, on la reconnaît. L'attitude, sans pose ni affectation, est magistrale. Le costume ample, sévère, presque tragique du xve siècle, est admirablement drapé. La main gauche s'appuie sur une épée qui n'est

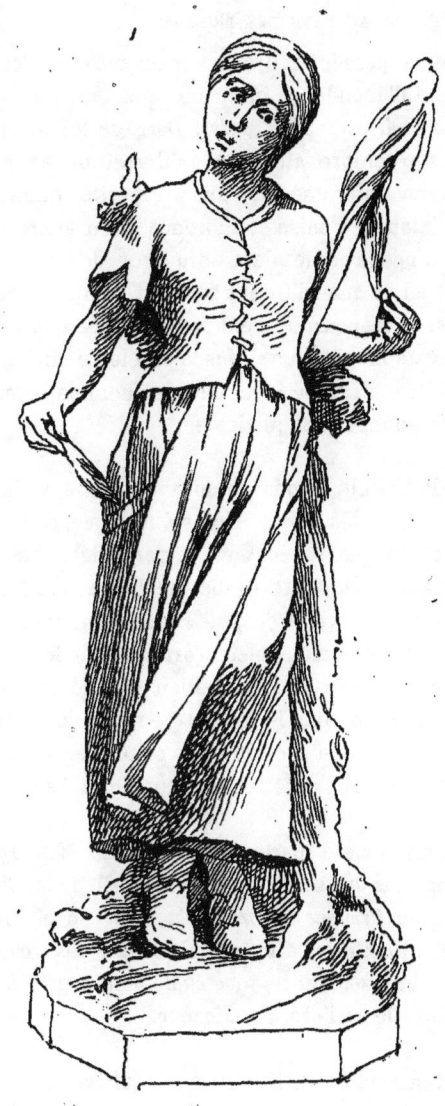

Jeanne d'Arc entend une voix céleste, par ALBERT LEFEUVRE.

pas un joujou de parade; la droite, sur un sac d'où l'or ruisselle, la corne d'abondance inespérée que Jacques le Sauveur ouvrit à Charles le Bien Servi. Derrière lui des ballots marqués à son chiffre attestent qu'il restitua en peu de temps à la France, hier anéantie, une prospérité commerciale dont furent jalouses Venise et Florence. Une ancre battue par les flots rappelle ce mot de la Chronique de Chastellain : « Il n'y avait en la mer d'Orient mât qui ne fût revêtu des fleurs de lys. » Et pourquoi enfin n'écrirait-on pas sur le piédestal de cette magnifique statue la parole de Michelet qui fut l'admirateur et l'ami de Préault? « Cet homme inventa en finances la chose inouïe, la justice. »

Non loin de Préault, nous saluons un autre vaillant de l'école romantique, Maindron. Moins énergique, son œuvre, très-belle aussi et par l'exécution et par l'idée, mérite assurément de passer du plâtre au marbre. Elle a nom l'*Avenir*, et pour légende : *la France s'appuie sur sa jeune armée*. Il est d'une beauté simple et mâle, plein d'ardeur et de foi, le soldat qui personnifie cette jeune armée. Rien ne traduit mieux la confiance et l'abandon que le geste très-noble de la France. Et dans tout l'ensemble on retrouve cette élégance, cette distinction, qualités suprêmes de l'auteur de la *Velléda*.

Nous n'avons plus à parler du *Chien de Montargis* de M. Debrie, non plus que du *Rétiaire* de M. Noël, de la *Chimère* de M. Granet, du *Brennus apportant la vigne* de M. Taluet, autrefois médaillé. On les a vus en plâtre, on les revoit en marbre ou en bronze. Ont-ils tous également gagné à cette transformation? Je ne l'oserais affirmer.

Le *Secret d'en haut* de M. Moulin a singulièrement gagné, lui, en sa qualité d'œuvre très-supérieure, à se fixer dans l'éternité du marbre. Mercure s'arrête un moment dans une de ses courses folles pour conter quelque farce divine dans l'énorme tuyau de l'oreille d'un vieux Terme à tête de faune dont le rictus s'épanouit d'une irrésistible et délirante façon. Lequel est le plus heureux de cet infatigable Mercure, à la fois commissionnaire et dieu, qui trahit avec la joie cruelle d'un intime le secret de la cour céleste, ou du pauvre faune sédentaire, dont une telle et si rare aubaine console pour un temps l'ennui sans fin de la confidence sans variété ni trêve des nymphes et des satyres d'alentour? Le dieu, dans sa personne, dans son attitude nonchalante et dégagée, comme dans le geste intraduisible avec lequel il joue de son caducée, le dieu est d'une sublime impertinence. Il n'y a d'ailleurs qu'une voix, même parmi les artistes, pour admirer l'exécution parfaite, la souveraine élégance du modelé. Idée originale, conception nette, métier consommé. Quelqu'un enfin l'a déjà autrement exprimé avant nous, c'est le Mercure de Molière qui a posé pour le *Secret d'en haut*.

Avant de songer au marbre, M. Princeteau devra refaire à peu près entièrement le *Supplice de Brunehaut*. Cette corde qui s'est complaisamment enroulée autour du tronc d'un arbre pour permettre au cheval de poser dessus, cette corde n'est qu'une « ficelle ». Comme le sculpteur de *Jeanne martyre*, et plus que lui, M. Princeteau allant au tragique s'est heurté au grotesque. On en rira longtemps, de son coursier immense. C'est le dada de Pathmos. Brunehaut est mieux réussie ; le modelé en est précis et ferme.

Aux côtés de la *Jeunesse* de M. Chapu, on voit deux marbres. L'un est le *Corybante* frappant sur son bouclier pour couvrir les piaulements de Jupiter bébé. L'autre est un *Persée*. Le premier, le meilleur, a déjà été exposé en plâtre. Il est de M. Cugnot. Le second est de M. Tournois. Hors concours tous les deux. Ce sont sages travaux d'école, de bons devoirs de rhétorique.

Ainsi du groupe *Roméo et Juliette* de M. Noël, qui a été bien plus heureux dans le *Rétiaire*. Roméo est étendu mort, tout habillé. Juliette nue à mi-corps, penchée sur son amant, lui soulève la tête. Et puis voilà tout. C'est froid, calme, convenable. Une débauche de parallèles horizontales, un papier à musique dont la tête ovale de Juliette est le *la*. C'est du Cabanel en sculpture. Il y a pourtant une originalité dans ce groupe : Juliette est laide. Son profil est d'une Aztèque, et l'on ne s'indigne pas trop que Roméo ait payé si cher son mauvais goût. L'école du bon sens n'a jamais connu cet autre secret d'en haut, celui de la beauté.

Une bonne statue est celle de Champollion par M. Bartholdy. Point d'inutiles draperies. Le costume de l'époque prête assez à la statuaire. La tête est belle. Le savant médite debout, la tête sur la main, le coude sur le genou, le pied posé sur une énorme tête de sphynx, dans une attitude naturelle et familière qui éloigne tout reproche d'ostentation ou de vulgarité.

A deux pas du Champollion, une œuvre étrange et charmante appelle l'attention. C'est le *Bohémien à la source*, en bronze vert, de M. Ross. Il a, le pauvre vagabond, pour costume un mouchoir noué sur la tête, aux oreilles des anneaux, un sifflet au cou, au pied gauche blessé par la marche un grossier bandage. Près de lui son court bâton coupé à quelque arbre du chemin. Il se couche sur le ventre pour boire à même d'une lèvre ardente le maigre filet d'eau de la source longtemps désirée. Le type et le modelé sont d'une précision remarquable, l'éxécution nette et hardie. Il y a là tout un poëme, tout un roman extrasocial, l'une des choses les plus originales du Salon.

On n'a pas médaillé le *Bohémien* de M. Ross, non plus que le *Jeune Faune faisant battre deux coqs* de M. Charles Lenoir, si bien groupé pourtant, si réel et si vivant.

Les animaliers se sont distingués. Caïn a exposé un groupe superbe. Un lion et une lionne se disputant un sanglier. Le geste du lion maintenant sa victime sous une de ses pattes de devant, alors qu'il enfonce les griffes de l'autre dans le cou velu de sa dame, est d'un magistral effet. M. Vidal est l'auteur d'un grand lion du Sénégal en bronze, que Barye n'eût point renié.

Le *Premier Miroir* de M. Baujault, une fillette coquette et fluette, mirant dans l'eau claire sa gente nudité, avait grandement réussi parmi les marbres du Salon de 1873. Il reparaît plus attrayant encore, en bronze argentin. C'est chaste et délicieux.

La charge sculpturale est représentée par une œuvre très-réussie de M. Thivier, le sculpteur des Folies-Bergère. C'est *Pierrot musicien,* Pierrot mimant une élégiaque chanson, avec accompagnement d'une guitare de son invention, une oie infortunée dont le large bec pousse une plainte désespérée, sous les pincements de son bourreau. C'est bien parisien, d'un esprit nerveux et cherché, mais fort prestement enlevé.

Il a ri, le critique austère. Il est désarmé.

IX

Médailles et médaillés. — Volumnia, femme de ménage. — Encore M. Perraud. — MM. Injalbert, Laurent Daragon. — Mlle Sarah Bernardt. — Chislehurst à sa proie attaché. — Où est le saule pleureur? — Les Italiens marbriers. — La sculpture polissonne. — Pas ça! non, pas ça! — MM. Mercié, Lecointe, Dupuis. — M. Henri Cros et son œuvre. — M. Amy. — Trois têtes sous un même laurier. — Félibres, qu'est-ce que c'est que ça? — Ne pas confondre unité avec uniformité.

Chez les sculpteurs, nous l'avons dit déjà, comme chez les peintres, les médailles sont avant tout des prix de sagesse, des encouragements à l'éternelle copie. Quelques-unes sont littéralement inexplicables, et nous nous en épargnerons la critique fastidieuse. A quoi bon parler de cette Diane mesquine, courte de jambes, vulgaire copie de la Diane de Houdon; de ce petit Napolitain s'apprêtant à noyer le chat qui a trucidé l'oiseau; de ce Bacchus ridicule qu'on jurerait en bois; de ce buste de femme de ménage mal débarbouillée, intitulé *Volumnia*; de cet Orphée comique; de ces deux torchères polychromes, qui seraient l'orgueil d'un grand hôtel de province? etc.

Quelques médailles toutefois ont distingué des essais louables, et volontiers nous les signalerons.

Il y a dans le *Réveil* de M. Cordonnier (Méd. 3ᵉ cl.) le jeune guerrier nu qui se dresse ou plutôt s'exalte sur les pointes de ses pieds, brandissant une trompette et un sabre, il y a une intention dramatique, un effort vers l'énergie, mais aussi une exagération qu'il faudra calmer. On n'a pas médaillé, je pense. le *Réveil* parce qu'il est daté de *Roma*. Pourquoi ces puérilités ? En France on écrit : Rome, tout bêtement. Quand donc la Gaule, que de mauvais plaisants appelaient l'autre jour *Gallia pœnitens*, cessera-t-elle d'être une province conquise de *Roma* ?

Le *Joueur de triangle* de M. Roubaud est élégant et fin, un peu rond. (Méd. 3ᵉ cl.)

Le *Portrait de Mlle B...* par M. Alfred Lenoir ne méritait point une médaille de première classe. Elle a été accordée, je le veux croire, tout spécialement au *Saint Sébastien*, qui a de très-réelles qualités. Un peu calme néanmoins pour un homme qu'on larde de flèches. Vous me direz que c'est un saint, mais cela ne me convaincra pas. Qu'est-ce encore que ce dôme énorme de chevelure, grâce auquel l'infortuné ne pourra jamais, même en levant la tête, apercevoir l'ange qui lui apporte une couronne si bien gagnée ? S'il ne songeait aux cieux, ce chevelu phénoménal n'aurait qu'à montrer son dôme dans les foires pour ramasser à pleines mains de la terrestre monnaie.

L'*Hylas* de M. Morice (méd. 2ᵉ cl.) est d'un mouvement heureux, et d'un très-juste modelé.

Une médaille (3ᵉ cl.) qui n'aura que des approbateurs, c'est celle donnée au 1871 ! de M. Geoffroy. Il y a plus qu'une idée patriotique dans cette forte Alsacienne, tenant étendu sur ses deux mains son tout petit enfant, comme si elle le mesurait, et le regardant comme si son regard le pouvait faire grandir. Il y a une conception claire, un talent robuste et sain.

Le groupe en plâtre de M. Damé (méd. 2ᵉ cl.), *Céphale et Procris*, sent un peu l'école, mais il révèle un souple et gracieux talent.

Dans la *Néréide* de M. Moreau Vauthier (méd. 2ᵉ cl.) il y a des morceaux bien exécutés ; c'est assez bon pour donner de l'espoir.

M. Michel a remporté une médaille de 2ᵉ classe pour son groupe en plâtre, *Hébé et l'aigle de Jupiter*. Je veux bien. Mais est-il sûr de n'avoir commis aucun ressouvenir du *Ganymède* de M. Moulin? S'il nous souvient, l'aile de l'oiseau jupitérien se repliait avec amour sur le Ganymède, comme elle se replie aujourd'hui sur sa compagne de fins soupers au Moulin-Rouge de l'Olympe.

Et passons aux bustes.

Il y en a, selon la coutume, l'effectif de deux bataillons sur pied de guerre. Ce que cela réjouit une foule de mondains de se voir ainsi publiquement exposés en plâtre, marbre ou bronze, on ne se l'imagine pas.

Les insignifiants sont en nombre, les grotesques en forte minorité; les bons aussi faciles à compter que nos députés à l'heure d'un vote important.

A la tête des grotesques figurent les bustes de l'honorable académicien M. Perraud, l'auteur du *Jour* déjà nommé. Un usinier endurci ne les tolérerait point sur la cheminée de son bureau.

Les plus beaux bustes du Salon sont, comme toujours, ceux de Carpeaux. Celui de Mme A. D. est une merveille. L'art semble s'y être effacé devant la vie même. Rien de plus fier et de plus large. La main du maître se retrouve dans tous les détails du buste de M. Cherier; figure intelligente et énergique au large front. Carpeaux est un génie.

Marcello est un grand talent. Son buste de la *Belle Romaine* est une œuvre de race, d'un accent très-vif et original, ainsi que sa *Phœbé*. Son *Christ* est loin d'être vulgaire, bien qu'il ait nombre de cousins.

M. Injalbert, qui a conquis l'an dernier le prix de Rome par une admirable esquisse d'*Orphée pleurant Eurydice*, M. Injalbert, qui est un des plus fermes espoirs de la jeune école; a envoyé de la villa Médicis un buste d'homme très-remarquable, dont l'original nous demeure inconnu. Il n'est point trop fini, et c'est vingt fois tant mieux. Mais par là il nous rappelle un autre buste, aussi remarquable, de M. Henri Cros,[refusé au Salon de 1869 sous prétexte qu'il n'était point assez fini. M. Cros n'a pas passé par l'école.

Avec un joli médaillon de M. P. Richard. M. Laurent Daragon a fait une ravissante statuette de Laurent Pichat, assis, en attitude de conversation familière. Impossible de rendre avec plus de finesse et d'élégance l'élégante et fine personne du vaillant écrivain, du sympathique député de l'Union républicaine. Et le souple talent de M. Laurent Daragon a rendu avec un égal bonheur les traits gracieux de Mlle Georgette Olivier. Certains attributs, un léger costume de Folie rappellent aux rares oublieux que Mlle Georgette est une étoile du Palais-Royal. Mais la femme est plus sérieuse que le rôle, à en juger par la mélancolie pensive de ce charmant visage.

Autre buste d'actrice, et celui-là par une grande actrice. Couronnée de roses, les longs cheveux dénoués flottant sur de belles épaules découvertes par le décolleté d'une toilette mondaine, le regard étrange et tout grand ouvert sur une rêverie lointaine, telle nous revoyons R. Bernhardt, une pauvre belle morte d'hier, dans le marbre que lui a sculpté sa sœur, Mlle Sarah Bernhardt. L'impression en est vive, presque poignante. Mlle Sarah Bernhardt nous a prouvé déjà par ses récentes expositions qu'elle sait n'être pas seulement une des plus brillantes comédiennes de son temps et qu'il y a plus d'une forme dans son art, plus d'un talent dans son intelligence vraiment supérieure. Le sentiment, cette fois, la douleur féconde a fortifié et comme ennobli l'inspiration. Il a passé comme un souffle glacial sur ces roses, comme une pâleur avant-courrière sur ce front; la tête se penche, la bouche mignonne n'essaie même pas un sourire. Il voit loin, en effet, ce regard indéfinissable. Il voit plus loin que la vie..... C'est émouvant, c'est exquis.

Un buste très-inattendu nous arrête au passage. Arrêter est son métier, car c'est celui de l'homme de Décembre! La déchéance, la réelle, l'irrévocable déchéance, la voilà! Il y a dans ce bronze, noir comme une décomposition très-avancée, un réalisme effroyable et lugubre. Chislehurst est là, tout entier à sa proie attaché.....

A deux pas de ce monsieur, et par une coïncidence piquante la place officielle de l'ex-chef de l'État est prise par une *République française* de M. Lemaire. Oui, mais nous ne la croyons pas si chlorotique que cela, la nouveau-née du 25 février! O la pâle fiancée du trépas! Je cherche au-dessus de sa tête mélancolique le panache tombant d'un saule pleureur. On lui a concédé, et nous en sommes tout ébahi encore, le terrible bonnet phrygien, que l'on a corrigé d'ailleurs par une capote bien boutonnée de vivandière d'ambulance!.... Devant elle, les uns s'attristent, les autres rient. Il n'y a jamais eu qu'un buste digne de cette chose immense, la République française : celui de M. Moulin. Il a été officiel. Il le redeviendra.

Un artiste de notoriété, M. Boisseau, qui collabora l'an dernier avec M. Amy à la statue de *Figaro*, a exposé deux beaux bustes, l'un de M. Parent, l'autre de Mme Oudot. Ils ont beaucoup d'accent. Le modelé en est vigoureux, l'exécution très-sobre et d'un réel caractère.

Citons encore un buste assez remarquable de l'archevêque Darboy par le directeur de l'Ecole des beaux-arts, M. Guillaume; un buste très-correct du président Bonjean par M. Sollier; deux de M. Paul Dubois, le buste du peintre Henner et celui du docteur Parrot; *Paul Huet*, le célèbre paysagiste et le poëte *Jean Aicard*, deux magnifiques médaillons de Préault; et le portrait de M. B..., un excellent médaillon de M. Solari à la manière de Préault.

Et avant de terminer par le groupe des bas-reliefs notre voyage au pays des sculpteurs, signalons aux vigies de l'art deux invasions menaçantes et lamentables.

La première, un critique très-connu l'a baptisée déjà. C'est celle des Italiens marbriers. On sait qu'en Italie l'industrie de la sculpture en marbre ne fleurit pas moins que l'oranger. Ce beau pays a eu de grands artistes, et il en aura encore. Il n'a pour le moment que des praticiens fort habiles et très-industrieux, des fabricants de joujoux artistiques, des Michel-Ange de Nuremberg. Industrie fort commode pour certaine gent mouvante et aventurière, intrigante et ubiquiste, qu'on pourrait nommer : de l'inter-monde. Pour peu qu'on séjourne en Italie, on connaît marchandise et marchands. Et l'on s'achète à bon marché des sculptures que l'on signe et colporte dans les pays ouverts et hospitaliers. Suffisantes pour provoquer la sympathie des naïfs, assez nulles pour excuser l'indulgence des bienveillants, des intéressés et des sceptiques. Paravents perfectionnés et portatifs, derrière lesqels se nouent parfois les intrigues mondaines ou internationales les plus dangereuses. Ceci soit dit en passant, et nous nous empressons d'ajouter que les honorables exposants italiens du Salon de 1875 n'ont rien à démêler avec les industriels de Florence, Rome et autres lieux circumvoisins. Mais n'étant point des génies, ils n'ont pu dépasser le niveau fatal de leur temps et de leur milieu. Leurs ouvrages sont des ouvrages, et non des œuvres d'art. Ainsi de cette jeune fille au bain, fausse imitation de Clodion : les roseaux sont délicieux et figureraient avec avantage dans une confiserie de *highlife*. Ainsi de cette *bambina* qui lit, tout en tricotant une chaussette modèle, un livre dont deux pages entières imprimées sur le marbre enlèveraient la palme dans un concours de typographie. Ainsi de ce buste de Méphisto, vulgaire bateleur qu'un diablotin blanc aux ailes vertes maintient d'une main sur sa tête, tandis que de l'autre il

étale, tout souriant, dans un médaillon argenté les amours de
Faust et Marguerite au jardin. Ces imageries en pierre, ces
horreurs sucrées exaltent les mères de famille et les demoiselles sensibles. Il y a là, je le répète, un réel danger
pour notre goût public si indécis encore, et l'on applaudirait
volontiers un jury moins sévère pour les artistes français,
moins indulgent pour les Italiens marbriers.

Un nom convenable pour la seconde invasion est chose
difficile à trouver. Comme la précédente, comme toutes les
invasions d'ailleurs, elle est menée par des étrangers, des
belges cette fois. Nous l'appellerons avec ménagement la
sculpture polissonne.

Exemples : cette dame, pardon! cette fille toute nue, assise
sur un pouff et remettant son premier bas, à moins qu'elle
ne soit en train d'ôter le second. Le geste est indécis, la
carnation ne l'est pas; mais nous ne la voulons point définir.
Ce pouff nous inquiète. Une roche ou un gazon eût autrement rassuré notre pruderie alarmée. Est-ce une baigneuse?
je le veux bien. Alors une baigneuse en chambre. Glissons.

Et cette mère, une dame celle-là, une bourgeoise cossue,
comme l'indiquent la dentelle de son unique vêtement, sa
chaise à bâtons sculptés et l'élégance de ses mules, dont une
se promène par la chambre ; cette mère se carrant pour jouer
avec son enfant, dans le plus étudié de tous les déshabillés,
et croisant ses jambes l'une sur l'autre avec une science.....
Ceci est de la polissonnerie en famille. Mortels, n'appuyons
pas.

Et toi, coquinette en bronze, qui ris à gorge toute déployée,
Pas ça! nous dis-tu en faisant claquer sur tes jolies « quenottes » l'ongle de ton pouce...

Non, pas ça! Le marbre et le bronze ne sont point faits
pour ça! L'art vit en froid avec cette sculpture de tolérance,
et le jury dont elle relève serait un jury à huis clos. Sentinelles, garde à vous!

Aux bas-reliefs maintenant.

La fable *le Loup et l'Enfant* a fourni à l'auteur du *Gloria victis* le sujet d'un magnifique bas-relief, très-bien groupé, original et saisissant. Heureux et souple talent, qui va ainsi de l'ode au conte et de Lafontaine à Tyrtée!

Nous relisons la dramatique scène du quatrième acte de *Lorenzaccio*, l'assassinat de Laurent de Médicis, dans un excellent bas-relief en bronze de M. Le Cointe, très-vigoureux, trop peut-être, et péchant un peu par la perspective.

Son voisin : *Chloé à la fontaine*, de M. Dupuis, est une délicieuse et mignonne chose, qui nous rappelle, beaucoup la *Chloé* de M. Jules Lefebvre.

Mais plus que ces derniers, plus même que le bas-relief de M. Mercié, celui de M. Henri Cros, *la Chevauchée*, nous attire et nous impressionne. Déjà nous avons cité un buste de M. Cros, naguère refusé. Il nous plaît de revenir à cet artiste, dont l'œuvre nous est familière et dont aucune injustice n'a pu décourager la foi patiente. C'est un esprit chercheur et volontaire, une imagination ardente et sévère, hantée par les visions de l'histoire. C'est un érudit enthousiaste, un lettré de haut goût. C'est, de plus, un laborieux que rien n'étonne. Son exposition de 1875, tableaux et sculptures, cire, marbre et bronze, le prouve surabondamment.

Son marbre est un buste de Voltaire, destiné à l'École normale, où il sera le très-bien venu. Par ce temps d'universités libres, la vieille Université de l'Etat aura grand besoin de se rajeunir, et ce ne sera point un mal que l'auteur du *Dictionnaire philosophique* préside aux méditations de nos apprentis professeurs. Houdon a légué un chef-d'œuvre, c'est entendu, mais on ne le pouvait copier indéfiniment. Le Voltaire de M. Cros, modelé d'une main légère et sûre, n'est plus le vieillard d'*Irène*. C'est Voltaire en son âge mûr, souriant toujours comme il sied à la bonne humeur de son génie; mais simple, calme, très-ressemblant, très-juste de type et nullement banal. Est-ce qu'on ne fêtera pas un petit peu son arrivée?

Dans un voyage qu'il fit à Lille en 1869 avec mission de copier au musée de cette ville un merveilleux buste de cire attribué à Raphaël, M. Henri Cros conçut le dessein de restituer l'art si charmant et si décoratif de la cire coloriée, abandonné sans motif par les artistes de notre siècle. Il a très-largement réussi. Ses premiers essais furent vite remarqués. On se souvient du vif succès qu'enleva en 1872 son *Prix du tournoi*, applaudi par toute la presse, acheté par l'Etat. Quoique un peu plus négligé peut-être, le buste d'*Isabeau de Bavière* n'en est pas moins très-remarquable. Elle revit tout entière dans cet ovale au vaste front et au menton mince, la beauté sèche et dure de la célèbre dame. Les yeux longuement fendus dardent le regard. Le nez est fin et droit, la lèvre est petite et serrée. Crime, orgueil, volupté froide sont l'énigme de ce sphinx germain qui affola un roi et dont la France faillit mourir. La coiffure énorme et bizarre, les ornements et les bijoux sont rendus, selon l'habitude, avec une éclatante couleur et une fidélité parfaite.

Mais l'infatigable artiste n'a point arrêté ses recherches à la sculpture, et sa curiosité mise en verve s'est ingéniée à remonter jusqu'aux procédés de la peinture antique. On conserve en des armoires au Musée égyptien des peintures trouvées à Thèbes, représentant une famille d'archontes. M. Cros a étudié ces vénérables spécimens, et fouillé des textes non moins vénérables. De ce voyage au pays des Pharaons il a rapporté deux essais au Salon de peinture, une petite tête d'étude à la manière pompéienne et un portrait de femme blonde d'un dessin très-correct, dans une tonalité grise.

Il a tiré ses couleurs de cires au feu, *ciris igne resolutis*, traitées au moyen de fers chauds. Est-ce bien là l'encaustique des anciens? Pourquoi pas? Ces recherches en valent bien d'autres. Où elles aboutiront, on le verra. Les stimuler en tout cas est un facile devoir.

Revenons à la *Chevauchée*. Un seigneur et une dame du xv⁰ siècle portant, l'un le chaperon et la grande robe du Jacques Cœur de Préault, l'autre le haut bonnet et la vaste coiffure d'Isabeau de Bavière, chevauchent côte à côte, dans la campagne, sur de robustes coursiers richement caparaçonnés. La route qu'ils suivent, à en juger par quelques indications légères, traverse un bois. Est-ce la forêt du Mans qui se rendit célèbre en ce temps-là? D'où viennent-ils? où vont-ils? Hauts et puissants personnages, nous n'en doutons pas. Mais sont-ce têtes royales ou simples héros de ballade? Que dit cet homme au mâle visage, le bras droit étendu pour désigner je ne sais quoi dans le lointain sombre à son étrange compagne? Quelle aventure occupe leur mystérieux dialogue? Est-ce intrigue d'amour ou affaire de politique, conspiration avec l'Anglais ou roman de cape ou d'épée? L'imagination ici a libre carrière. Cette œuvre très-supérieure est un poëme où drame et histoire, légende et ballade, érudition et fantaisie trouvent leur compte. C'est une sculpture à grands traits, pleine de vie, pleine d'accent, d'un modelé net et hardi, « point finie » comme le buste refusé en 1869. Dans la *Chevauchée* enfin, la perspective, cette essentielle condition de tout morceau décoratif, est amplement réalisée. A mesure qu'on éloigne ou qu'on élève le bas-relief, cavaliers et chevaux se détachent, l'horizon s'agrandit, le caractère fantastique de l'œuvre s'accentue.....

Et, pour me résumer, si je songe qu'après tant de labeur et de talent prouvé, M. Henri Cros n'est point exempt du jury d'admission, j'ai besoin, pour comprendre un peu, de me rappeler que M. Perraud est membre de l'Institut!

Une dernière œuvre nous réclame.

C'est le bas-relief triomphal dressé par M. Amy à la gloire de la grande Muse provençale.

Comme son proche parent, le dieu de Virgile, elle se réjouit d'un nombre impair. Son chant a trois voix, son génie a trois personnes : Mistral, Aubanel et Roumanille. En attendant qu'il soit national, leur renom est universel. Avignon est leur cité d'élection.

<table>
<tr><td>

Souto lou grand cèu blanc,
    L'oundado negro
Miraio, en barrulant,
    La luno alegro ;
Dóu goutique Avignoun
Palais e tourrihoun
      Fan de dentello
      Dins lis estello.

Avignoun grasilla
    Pèr l'escandiho,
Tan bèn, de-fes que i'a,
    Lou jour soumiho,
Mai s'acampo au soulèu
Si gai felibre, lèu
      Es di cigalo
      La capitalo.

Li cresien tóuti mort
    Nòsti troubaire ;
Li fiéu an l'estrambord
    Mai que li paire :
Veici lou grand Mistrau,
Jamai las, jamai rau,
      E Roumaniho,
      Tout armounio.

Aubanèu sèmblo mut
    Mai lou fio couvo ;
S'enfounço i bos ramu
    Emé sa jouvo.
Un jour qu'aura lesi
Vous fara fernesi :
      Counèis lis astre,
      Trevo li pastre.

</td><td>

Sous le grand ciel blanc, — le flot sombre — reflète, en roulant, la lune joyeuse ; — du gothique Avignon — palais et donjons — — font des dentelles — dans les étoiles.

Avignon, grillé — par le ciel qui darde, — tout de même quelquefois — sommeille, le jour, — mais s'il assemble au soleil — ses gais felibres, vite — il devient des cigales — la capitale.

On les croyait tous morts, — nos troubadours ; — les fils ont l'enthousiasme — plus que les pères. — Voici le grand Mistral, — jamais las ni enroué, — et Roumanille, — tout harmonie.

Aubanel semble muet, — mais le feu couve ; — il s'enfonce dans les bois touffus — avec sa jouvencelle. — Un jour de loisir — il vous fera frissonner. — Il connaît les astres, — il hante les pâtres.

</td></tr>
</table>

Qui chante ainsi? C'est Aubanel lui-même dans une *Can-*

soun, que fredonnent tous les provençaux sur l'air fameux : *O bella Napoli!*

Voyez, dans ce bas-relief d'un arrangement si simple et d'un si fin modèle, ces trois têtes fraternellement groupées.

Celle de droite au vaste crâne rond et chauve, à la barbe courte et légère, au regard pensif et doux sous son arcade profonde, c'est Aubanel, l'auteur de cette ode païenne et retentissante à la beauté, la *Vénus d'Arles*, de deux drames non joués que connaissent tous les lettrés du Midi, le *Pain du péché* et *Cabrau le chevrier*, Aubanel, l'auteur de ce génial poëme : la *Grenade entr'ouverte*, un Henri Heine, bon, puisqu'il est français, tout ensoleillé, puisqu'il boit du vin. Est-il souvent si fatal que cela? Oui, en vers. Et féroce parfois. Un catholique du xvi° siècle, un ligueur, presque un Borgia, en vers. Mais alors que le germanique écrivain d'*Attua Troll* déteste tout, la douleur amoureuse du provençal Aubanel lui fait tout aimer. Il s'en va répétant :

> J'ai le cœur bien malade, oui malade à mourir.
> J'ai le cœur bien malade, et ne veux pas guérir.

En somme, un misanthrope joyeux, et point décoré. Un troubadour, non un chevalier.

A gauche, cette autre grosse tête un peu plus chevelue, beaucoup plus barbue, au regard moins profond, au nez plus droit, à la bouche plus ouverte, c'est Roumanille, l'éditeur célèbre de l'*Armana provençau*, Roumanille l'initiateur du mouvement *félibre*, un poëte de grand talent, limpide et disert, le conteur spirituel et charmant du *Cascarelet*. Ermite aimable, adorant sa montagne et ses lavandes, réactionnaire en diable, décoré par l'ordre moral.

Au milieu et dominant les deux autres, coiffée d'un feutre rond, cette tête fine et fière, au front haut, au regard droit et clair, au nez mince et courbé, à la forte moustache, à la barbiche pointue, c'est Mistral, le grand poëte Mistral.

La Chevauchée — Salon de 1875.
Bas-relief en bronze — Henry Cros

Il vous souvient de quel applaudissement en 1859 Lamartine salua *Mireille*, et quel fut en Europe l'écho de cet applaudissement illustre. L'Espagne, l'Angleterre, l'Allemagne traduisirent l'Idylle arlésienne, et l'Université finlandaise de Helsingfors envoya un professeur étudier en Avignon la Renaissance provençale. Ce fut une explosion de gloire, L'œuvre adorable devint populaire. Et plus tard, ainsi que toujours il se passe, le poëte inspira le musicien. Comme à Victor Hugo Verdi avait pris *Ernani* et *Rigoletto*, à Mistral Gounod prit *Mireille*.

Sept ans après *Mireille* parut *Calendal*. Entre les deux l'*Ode aux Catalans*, la *Fille du gardien*, le *Renégat*, et tant d'autres poésies lyriques, et je ne sais combien de savants travaux et d'éloquentes préfaces aux œuvres des Crousillat, des Anselme-Mathieu et autres félibres de talent. Après *Mireille*, la Provence patriarcale et pastorale, *Calendal*, la Provence des oliviers, de la mer et de la montagne. Après la rustique aventure d'une fermière et d'un vannier, l'épopée du pêcheur Cassidien conquérant par mille exploits l'amour d'Esterelle, fille des princes de Baux et descendante du mage Balthazar. Épopée où, comme l'a fort bien dit quelqu'un, le félibre très-parisien à qui j'ai dédié ce livre, « on perd de vue parfois la vérité humaine des personnages pour deviner derrière eux je ne sais quels vagues et magnifiques symboles. »

Mistral, fils de quinze générations de cultivateurs, est le grand poëte fédéral d'une nationalité mineure : c'est l'Homère des félibres. Fédéral et félibre, nous avons lâché là deux grands mots. Ils valent une explication.

Félibre tout d'abord, qu'est-ce que cela? De ce trisyllabe, les uns s'égaient, les autres s'irritent. Ceux-là, des ignorants, se moquent d'une littérature provençale comme d'une coutume destinée dans un prochain avenir au plus parfait oubli. Ceux-ci, des prudents, voient dans le félibrisme quelque chose comme le murmure poétique d'un séparatisme menaçant.

Aux premiers nous apprendrons que la littérature provençale fut, est, et sera. Un instant persécutée par ces affreux barbares qu'on nommait des croisés, elle reparut, plus vivace et plus riche. Le premier livre imprimé dans la Provence du xvie siècle, ce fut le recueil des poëmes et sonnets provençaux de Belaud de la Bélodière. Claude Brueys, sous Louis XIII, créa le théâtre provençal. Le peuple chante toujours les noëls de Saboly, legs du xviie siècle. *Maniclo*, « cette farce de haut goût demeurée anonyme comme celle de l'avocat Patelin, » et les poëmes burlesques de l'abbé Favre datent du xviiie. Depuis Hyacinthe Morel qui publia sous Bonaparte son *Galoubet* jusqu'aux chefs de la moderne Renaissance, la littérature provençale enfanta de nombreux écrivains dont les œuvres se vendent par milliers d'exemplaires. Mistral et ses amis ont de nombreux disciples, et de tout ceci l'on peut induire que le génie provençal n'a point envie de disparaître dans une archéologique apothéose.

Aux seconds nous répondrons que félibre ne signifie rien. Un jour les poëtes d'Avignon en belle humeur firent chanter devant eux par une vieille femme de vieilles chansons où « félibre » sans cesse revenait. La femme ne put l'expliquer, et ses auditeurs y perdirent leur provençal. Dès lors il s'appelèrent en riant, et on les appela félibres. On les étonnerait bien fort si on leur avouait qu'ils sont véhémentement soupçonnés de vouloir n'être plus français. Ils le sont de toute leur âme, et confessent hautement la patrie française.

Leur fédéralisme purement retrospectif et littéraire n'a donc rien d'inquiétant pour nos politiques. Tout au contraire, qui ne se souvient de cette merveilleuse introduction à l'*Histoire de France* où Michelet nous montre comme indispensable au développement du génie français la libre expansion individuelle, littéraire ou artistique du génie propre de chaque province? Qui ne sait encore que si les étrangers aiment tant la France, c'est parce qu'ils y rencontrent toutes les races, toutes les originalités indissolublement reliées par l'idée mère de la Révolution? Unité enfin ne fut jamais synonyme d'uniformité. Et, pour conclure, les félibres présents ou futurs, pas plus que les poëtes flamands ou bretons, ne porteront atteinte à cette indispensable unité politique de la France, dont le maintien demeure le plus cher de nos vœux, la plus intraitable de nos volontés.

Longue digression peut-être? Elle n'est qu'apparente. Et si quelqu'un s'en plaint, ce ne sera point, je gage, l'artiste dont l'œuvre élégante et rare nous l'a inspirée.

Qu'il nous la pardonne, et nous ne la regretterons pas.

X

On ne manquera pas d'églises. — Et l'architecture laïque? — Où apparaît Honoré d'Urfé. — Ce serait bon à quelque chose, la chromolithographie! — Faïences et porcelaines. — Aquarelles. — Bida, Valerio. — Vieux faune et jeune amour. — Pastels. — Mme Carolus Duran, M. Philippe Rousseau. — Dessins et dessinateurs. — Où sont les estampes d'antan? — Une invasion charmante. — L'eau-forte et les aqua-fortistes. — Lithographie et gravure sur bois. — En médailles et sur pierres fines. — Qui parle camées, parle émaux. — Un Eldorado. — Plâtre et huile *for ever* ! — Plus forts que les airains.

Avons-nous été trop sévère pour la Peinture ? L'inquiétude toute patriotique où nous mène son agitation commerciale nous a-t-elle entraîné à lui souligner de trop dures vérités? Nous reconnaissons tout au moins avec une très-vive joie qu'elle ne se refait point cléricale. J'emploie ce mot, puisqu'il est à la mode; il en dit assez et nous permettra de ne point passionner le débat. Non, la tradition est périmée. L'Église a eu ses beaux jours, ses beaux siècles d'art. Ils ne reviendront jamais. C'est en fort petit nombre que des peintures de sainteté s'égarent encore au Salon, et l'ironique indifférence qui les accueille, non moins que leur pauvre mérite, nous prouve assez combien le genre est pour toujours fini.

Mais que penser de l'Exposition d'Architecture, si médiocre au demeurant? On n'y voit guère que des restaurations ou édifications d'églises. Basiliques par ci, églises du Sacré-Cœur par là. Eh quoi! dans la France actuelle, la France de progrès et de rénovation que rêvent tous les bons citoyens, il n'y a donc plus d'édifices laïques à construire? Ni mairies, ni hôpitaux, ni marchés, ni écoles surtout? Et parmi les monuments historiques à entretenir, à restaurer ou à préserver de la ruine finale, il n'est donc plus rien d'intéressant que les églises, toujours les églises (1)? Que messieurs les membres de la Commission des monuments historiques parcourent la France! Ils rencontreront à chaque pas des ruines fort respectables et de préservation facile, dont les paysans se partagent impunément les débris, au grand scandale de tous les voyageurs.

Et puisque les chapelles leur tiennent tant au cœur, nous leur en signalerons une d'importance extrême. Que dis-je? voilà bientôt sept ans que nous la signalons, et avec nous des écrivains aussi autorisés que M. Emile Montégut (2) : c'est la chapelle du Château de la Bastie, ancienne demeure des d'Urfé. Un industriel féculier a depuis la guerre approprié aux savantes triturations de la pomme de terre ce château très-complet encore, et dont il subsistait de très-curieux détails. Une salle de bains en rocaille, très-mystérieuse et bizarre, a disparu. Quant à la chapelle, une merveille entre toutes, elle va être vendue, si elle ne l'est déjà, à des Anglais, qui la démonteront pour la remonter dans la perfide Albion. D'où un irréparable dommage pour le département de la Loire, qui a tant besoin d'attirer le touriste à ses nombreuses sources minérales, et un très-mince honneur pour la France. Mais Honoré d'Urfé n'est point précisément

(1) Notre critique bien entendu, n'est que relative. Quoiqu'en trop petit nombre, les constructions laïques tiennent leur rang à l'Exposition d'architecture. Citons bien vite les très-remarquables *Projets d'architecture rurale* de M. Ernest Bosc, le projet élégant et pratique d'*Habitation coloniale pour la Cochinchine* de M. Calinaud, un *Projet de théâtre* de M. Clausse, le *Château de Graves* de M. Benouville, une *Restauration de manoir* de M. Le Bègue, des *Habitations particulières* de M. Formigé, les *Écoles municipales* de M. Hédin, une *Faculté des sciences* de M. Lheureux, une *Maison de répression* de M. Bruneau, un *Collège* de M. Mamouna, etc. etc.

(2) *Voyage en Bourbonnais et dans le Forez*, chez Hachette.

de la tradition cléricale, et si dans sa chapelle le doigt omniprésent de Dieu est toujours visible aux bonnes âmes, les malins y découvriraient bien la griffe du diable aussi.

Sur six médailles, cela va de soi, les églisiers de l'exposition d'architecture en ont reçu quatre. Une médaille de deuxième classe a récompensé un projet de *Maison d'aliénés à Brun (Rhône)*, par M. Louvier. Et la médaille unique de première classe a été forcément au seul artiste qui en fût digne, M. Dutert, auteur d'une *Restitution de l'ancien forum romain*. Style, imagination, science, rien n'y manque. Et nous en retenons volontiers la leçon historique. Si la Rome païenne était si belle, avouons que la moderne Rome ne gagne point du tout à la comparaison; moins encore le nouveau Paris, où nos architectes ont si amplement prouvé leur impuissance profonde.

De l'Architecture notre songerie nous mène à la Chromolithographie. Ce procédé artistique en effet nous intrigue et nous préoccupe beaucoup. Un effort collectif, dit-on, lui imprimera bientôt un mouvement notable. Tant mieux, car la chromolithographie, si répandue en Angleterre et en Amérique, peut et doit rendre chez nous un énorme service à la grande cause de la Révolution. Par elle on aidera singulièrement le goût et la connaissance des œuvres d'art chez les classes peu aisées, l'intelligence des découvertes scientifiques et des explorations circumterrestres, la diffusion de l'histoire ancienne ou contemporaine, toute l'éducation en un mot, primaire, secondaire ou supérieure. Regardez l'usage que font les cléricaux de l'imagerie coloriée, et jugez celui bien autrement fécond et solide que nous en pourrons faire, nous les modernes, dans la lutte ardente où vous voyez qu'ils nous amènent. A bons entendeurs, salut. Et voilà pourquoi la chromolithographie nous trottait dans la cervelle au sortir de la pieuse exposition architecturale.

C'est par un miracle de patience, où Marie Alacoque n'est point intervenue, que nous en avons déniché deux spécimens microscopiques perdus comme à dessein là-haut, tout là-haut, parmi les lithographies ordinaires, très-ordinaires. L'un d'eux est affaire de sainteté, la *Visitation* d'après le vieux Ghirlandajo. L'autre, un *Souvenir de Frascati* d'après Martins. Il est signé d'un maître en la matière, M. Paquin. Il joue si bien l'aquarelle, il est d'une exécution si parfaite, qu'on ne saurait trouver meilleur témoignage en faveur de la chromolithographie. Tous nos compliments à son propriétaire, le roi des Belges. *La Visitation*, très-bonne aussi, est de M. Pralon.

Et de cette exclusion systématique le motif ne vous échappera point. Messieurs de la gravure et de la lithographie noire ont flairé une rivale, et pratiquement ils ont fermé l'huis?

Au tour des faïences.

Il y en a beaucoup de médiocres, quelques-unes très-jolies. Parmi les meilleures, celles de M. Bouquet : *Les Vaches noires*, excellente marine, où la mer toutefois est trop confusément rendue ; *Les Bords d'une rivière*, ravissant paysage, œuvre de coloriste. M. Bouquet, depuis longtemps hors concours, est très-sûr de son métier. *L'Étang sous bois*, de M. Ménard, est d'une facture très-fine ; on dirait du Xavier de Cock. Ainsi des *Bords de la Seulles*, par M. Noel. M. Charles Houry et son élève, Mlle Jeanne Houry, méritent une honorable mention. Le *Printemps* de M. Charles Houry est une composition dans le style et la couleur de Pavis de Chavannes, mais plus attrayante. C'est une idylle antique, bien groupée, un peu trop enfantine peut-être. Les fleurs y sont exquisement traitées. La *Tête de saint Jean* d'après le Dominiquin, et l'*Automne*, une gentillette composition de Mlle Houry, trahissent une certaine inexpérience du dessin, que rachète un coloris tendre et gracieux. Citons encore un symbolisme héraldique de la *Guerre*, par Mme Canoby; *la Mignon* de Bouguereau et un portrait de Mlle Hortense Richard. Signalons à haute et intelligible voix les peintures sur faïence ou porcelaine de Mlles Larsonneur, Le Coursonnois, Kron-Meni, élèves des Écoles professionnelles Lemonnier. Les jeunes filles ne tarderont point à prendre place parmi les artistes de talent déjà nombreuses que nous ont fournies ces admirables écoles.

Si les artistes ont eu tort de refuser, il y a deux ans, l'occasion qui leur fut généreusement offerte d'avoir à eux un palais de grandeur et de disposition convenables, nul ne le saurait mieux dire que les architectes, faïenciers, aquarellistes, dessinateurs et gravuriers. Non-seulement un gros jour faux et lourd, un jour d'atelier de confections écrase leurs œuvres, mais elles sont reléguées comme encombrants accessoires dans ces longues galeries du pourtour que de rares voyageurs traversent au pas gymnastique, à peu près indifférents et quasiment étonnés de leur vaillance.

Ce sont pourtant adorables choses que les jolies aquarelles et il nous semblerait juste qu'elles fussent mélangées avec les peintures.

Le Pape et Florence agenouillés demandant pardon à leur illustre victime Savonarole, tel est le sujet d'une magistrale aquarelle, à la manière de ces adorations de Jésus familières aux peintres de la Renaissance. Son auteur est le grand artiste, le grand penseur Bida.

Dans l'aquarelle comme dans le dessin, Valerio est au premier rang des maîtres. J'en atteste ses trois superbes aquarelles : *les Rochers de Carnac à marée basse* et *les Pierres druidiques de Kermario*.

On reconnaît vite à la désinvolture du dessin, à la richesse du costume, à l'éclat de la couleur un bon élève du brillant Fortuny : tel est M. Simonetti, l'auteur de ce trompette tirant une fanfare à bout portant dans l'oreille d'un camarade endormi.

Que se passe-t-il donc dans le bois voisin pour amuser si fort ce vieux faune, et pour tant intriguer ce gamin d'Amour aux ailes violettes, dont l'arc à peine débandé indique un exploit récent? Sans doute ils jugent le résultat du tir. Au surplus demandez-le à M. Lionel Royer, l'auteur de cette ravissante aquarelle et de deux autres : *Marguerite à l'église*, et un *Jeune Berger* jouant avec son chien dans la campagne, remarquables aussi, très-vivantes, et promettant un paysagiste. Il était facile au reste de deviner chez le jeune peintre de la *Fille de l'hôtesse* le talent que nous révèlent ces trois œuvres.

Parmi les meilleures aquarelles, citons encore les jolis portraits de M. Laguillermie; les villages italiens de M. Joris, si pittoresques et si exacts; les belles fleurs de Mlle Toudouze : un *Jésus chassant les vendeurs du temple* d'après Caro, de Mme de la Bassetière, élève de Delacroix ; deux vues de la place Pigalle, et *le Campement des mobiles sous le viaduc d'Auteuil pendant le siége*, où Pils a prodigué sa couleur et sa verve; les excellentes natures mortes de Mme de Nadaillac, élève de Ph. Rousseau ; les beaux paysages de MM. Le Bas, Foulongne et Ad. Moreau; le merveilleux sous-bois de M. Bonnefoy, qui nous rappelle pour son plus grand éloge le *Ravin du Puits-Noir* de Français; une *Lecture dans la forêt* de M. de Dartein, une *Ruelle à Wildbadt* de Mme Benouville, les *Balcons roses* de M. Zacharie Astruc, la *Grève du Prieuré à Dinard* de Mme Courtois-Valpinçon, et un superbe *Projet de verrières, dans le style du* xiiie *siècle*, dénonçant chez son jeune et débutant auteur, M. Delalande, beaucoup de science et d'imagination.

M. Rivoire est un maître ésgouache. Ses fleurs sont des merveilles de délicatesse et d'éclat, surtout celles du vase japonais. Après lui M. Saraben dont la gouache, *A Ville-d'Avray*, est un paysage exquis.

Une huitaine de pastels méritent d'être cités à l'ordre du

jour. A commencer par celui de Mme Carolus Duran, qui a été si justement médaillé. C'est un portrait de femme d'une large touche, d'un modelé parfait. La couleur est superbe, les étoffes sont admirablement traitées.

Philippe Rousseau a confirmé sa vieille réputation par trois natures mortes d'une solidité extraordinaire, entre autres des pêches autour d'une timbale d'argent qui tenterait un voleur.

Le paysagiste Méry, si élégant et si fin, a exposé un délicieux pastel, *Une Révolution dans une basse-cour*, dont un maître coq haut perché chante le *Quos ego*.

On ne saurait trop louer la vigueur et la hardiesse du talent de Mme Mac-Nab. Sa *Jeune Femme en costume Louis XIII* est très-belle, quoique de formes un peu rudes et mal décolletée.

L'*Ève cueillant la pomme* de M. Bouvier est bien campée, bien cambrée, bien modelée. Cette appétissante personne fait songer aux Èves de Rubens.

N'oublions pas d'excellents portraits signés de MM. Galbrund, Thomas de Barrabin et Bassompierre-Sewrin.

Parmi les dessins, beaucoup sont médiocres, quelques-uns sont très-remarquables.

Au Parc Monceaux de M. Vignal, élève de M. Maxime Lalanne, est un fusain d'un prodigieux effet. La *Sainte-Claire en Sologne* et les *Roches à Fontainebleau* de M. Alexis Thomas nous révèlent un artiste qui a largement profité des leçons de M. Allongé. Celui-ci, passé maître, a exposé une ravissante composition : *Dans le parc à Plombières (Vosges)*. M. Pirodon a trouvé moyen de réunir quatre grandes choses dans une scène très-simple et originale : un lion assis sur le sommet d'une montagne contemple la lune se levant sur la mer. De beaux et bons fusains, solides et plantureux, sont ceux de M. Boetzel, un portrait de dame et le portrait du guitariste espagnol Bosch. Ce dernier a beaucoup d'accent, mais la pose en est un peu gênée. Mentionnons aussi comme très-remarquables les paysages de MM. Deshayes, la *Rampe du Saint-Bernard*; Delauney, *Les Bords de la Marne*; de Mlle Crozier, élève de M. Lalanne, *Une Chapelle à Douarvlay (Ecosse)*, une *Tête d'homme* à la sanguine et un dessin aux trois crayons de M. Rudder, le puissant artiste qu'ont formé les conseils de Gros et de Charlet; enfin deux très-gentils paysages à la mouchure de chandelle, de M. Verreaux; *Les Mendiants* de Rembrandt à la plume par Mlle Eymard de Lanchatres, et le *Portrait de M. Machuult*, un curieux trompe-l'œil en imitation de plâtre, de Mme Carteron.

Nous n'avons pas grand'chose à dire de la gravure au burin. Son exposition n'est ni bonne, ni mauvaise. Le temps est passé des estampes merveilleuses. Quand reviendra-t-il? D'autres siècles peut-être le reverront.

Un médaille de 1re classe a été décernée à M. Huot pour sa gravure du *Jugement du prix de l'arc*, d'après Van der Helst, médaille bien placée.

La *Cigale*, d'après M. Jules Lefebvre, du même artiste, est excellente aussi. Ils sont rares, les burins qui réalisent de pareils scintillements de lumière.

Le *Gloria victis* gravé par M. Jacquet a bien gagné aussi sa médaille de 2e classe. Le travail de M. Jacquet, ancien élève de Rome, est d'une grande correction, d'une extrême pureté.

De très-bonnes gravures encore que celles de M. Thibault, le *Fil rompu*, d'après J. Aubert et de M. Varin, les *Dernières Cartouches*, d'après Neuville, et les portraits à la pointe sèche de M. Desboutin.

En somme, la gravure moderne, très-habile, très-savante, respectueuse des bonnes traditions, ne nous offre rien de transcendant.

Une invasion charmante et que nous bénissons à chaque

occasion nouvelle, c'est celle de l'eau-forte. Reléguée longtemps au musée des souvenirs et étrangetés du temps jadis, l'eau-forte a eu tardive, mais rapide et triomphante, sa renaissance romantique. Des artistes tels que Flameng lui ont rendu la vie; des éditeurs de bonne volonté, Cadart en tête, lui ont rendu le mouvement. Le monde de la grande librairie lui a fait fête. Elle a repris la vogue, et il n'est guère de peintre désormais qui n'essaie pour sa pensée ce mode original de traduction. Aussi l'exposition d'eaux-fortes devient-elle chaque année plus importante et mieux fournie.

M. Legros, nous l'avons dit et le redisons volontiers, est le maître de l'eau-forte moderne, et nous recommandons tout spécialement aux amateurs l'intéressante notice publiée sur Legros aqua-fortiste par M. Poulet Malassis. Avant tous, l'auteur de la *Petite Marie* méritait une récompense. Mais encore une fois pourquoi se laisse-t-il oublier à Londres? MM Courtry et Le Rat ont enlevé les médailles. Et l'on a vivement admiré les eaux-fortes de MM. Lançon, Bodmer, Maxime Lalanne, Querroy, Polémont, Laguillermie, Gustave Greux, Heseltine.

M. Gilbert a eu la médaille de lithographie pour une assez bonne *Séléné*, d'après M. J. Machard. Mais nous lui préférons de beaucoup les lithographies de M. Emile Vernier, un artiste de tempérament qui s'est fait remarquer par d'excellentes marines au Salon de peinture.

MM. Boetzel et Froment, graveurs sur bois, ont été médaillés, l'un pour ses illustrations d'un ouvrage scientifique, l'autre pour un *Pèlerinage à genoux en Irlande*, d'après un superbe dessin de M. Green. Notons aussi les gravures de MM. Robert et Laplante, et de Mlle Pauline Louis et Mlle Lecoursonnois, cette dernière déjà citée pour ses peintures sur porcelaine, élèves toutes deux de la Société Lemonnier.

Et mêlons-nous avant de quitter le Palais de l'Industrie des Beaux-Arts aux trop rares curieux de cet art trop négligé : la gravure en médailles et sur pierres fines.

Une épreuve (bronze) d'une tête de *Mercure* par M. Bion décèle une très-louable recherche de la pureté antique. On dirait une authentique médaille de Syracuse.

M. Adolphe David, dont le Luxembourg possède un magnifique camée d'après l'Apothéose de Napoléon Ier par Ingres, a exposé cette année un camée sur onyx: *la Métamorphose de Daphné poursuivie par Apollon.* Composition très-personnelle et fort bien comprise.

On a bien fait de médailler l'*Alsace esclave*. M. Heller est un artiste sérieux. Dans le *Temps et les Saisons*, et *Neptune enfant*, on remarque de fort jolies têtes et de très-gracieux mouvements.

Nous dirions exactement le même bien de M. Soldi, s'il ne surchargeait son travail d'ornements un peu lourds. A quoi bon tant de rinceaux et de cuirs ? Mais il mérite tous nos compliments pour un portrait d'homme moderne, traité comme une médaille du temps des Antonins. Un peu fruste néanmoins.

La médaille de Pierre Corneille par M. Valentin Borrel, destinée à la Commission des monnaies et médailles, est d'une heureuse inspiration. La médaille en argent de M. Thiers, ressemblante au possible, a toute la pureté classique habituelle à son auteur, M. Oudiné.

Qui parle camées, parle émaux. C'est un véritable Eldorado que le pays de l'émail. Il se doit rencontrer dans une planète moins tempérée que la nôtre.

M. Meyer Heine en a rapporté une très-belle *Promenade champêtre,* d'après un maître du XVIe siècle ; M. Alfred Meyer une admirable interprétation du *Condottiere* d'Antonello de Messine ; M. Robillard une *Vérité* d'après J. Lefebvre, très-réussie ; MM. Paillet et Penet, de ravissants portraits de femmes, émaux sur cuivre ; M. Thesmar un *Faisan doré*, émail cloisonné, très-riche et très-éclatant.

Mais toutes ces œuvres charmantes et précieuses échappent à l'attention de nos modernes civilisés. Plâtre et huile, l'éphémère les entraîne. Marbre et pierre, ce qui dure les agace. Et c'est en vain que nous rappelons à leur indifférence bornée ces strophes grandioses de l'auteur d'*Emaux et camées* :

> Tout passe — l'art robuste
> Seul a l'éternité.
>   Le buste.
> Survit à la cité.
>
> Et la médaille austère
> Que trouve un laboureur
>   Sous terre.
> Révèle un empereur.
>
> Les dieux eux-mêmes meurent ;
> Mais les vers souverains
>   Demeurent
> Plus forts que les airains.
>
> Sculpte, lime, cisèle.
> Que ton rêve flottant
>   Se scelle
> Dans le bloc résistant.

XI

Aux Magasins-Réunis! — Bidel et les Refusés. — Commencement et fin de la colère d'un Refusé. — Toujours M. Perraud! — MM. Martin, Gueyton, Deshayes, Risler, Mallet, Didier, etc. — Entre deux gendarmes. — M. Léonce Petit. — Compagnon d'un saint, héros d'un sonnet. — Une question indiscrète. — Cy finist. — Une explication nécessaire. — A mauvais entendeurs, salut !

Notre voyage au pays des peintres avait pour épilogue naturel et nécessaire une visite au salon des Refusés. Nous n'y avons pas manqué. Un peu tardivement peut-être, mais pieusement, nous avons accompli le pèlerinage au capharnaüm des Magasins-Réunis, où les domptés du jury ont élu domicile, côte à côte avec les domptés de Bidel. Ceci soit dit sans esprit de comparaison. Les fauves sont plus que rares à l'exhibition des éconduits. On cherche vainement parmi eux un lion rugissant, un archange rebelle. Sans doute des œuvres très-remarquables, des essais de génie, des ébauches de futurs Titans ont pu être repoussées par cet excellent jury. En ce cas il fallait être Titan jusqu'au bout, et s'insurger carrément contre Jupiter.

Mais ce serait trop beau ! Comme nous l'avons remarqué dans notre premier chapitre, à la veille même du Salon, les choses ne se passent point ainsi. « La liberté effraie encore les artistes, et leurs velléités d'émancipation n'ont abouti qu'à des avortements » La colère d'un refusé commence par un grondement, et finit par un soupir. Volontiers on massacrerait tout, et l'on réfléchit qu'il ne faut pas se compromettre. C'est bien gentil, l'audace, mais c'est bien gênant ! Le jury de l'an prochain apparaît, formidable dans la pénombre, et fatidiquement l'on frissonne. Et puis c'est si dur à porter par-devant le public et les marchands, l'étiquette de Refusé ? On en pourrait, voyez-vous, rester grêlé toute la vie. Ou bien les bonnes âmes crieront au communard, et Nouméa se dresse, île fulgurante et malsaine, à l'horizon. Précieusement l'on remet dans son étui l'étendard de la révolte, et l'on se constitue mécontent en chambre, ou mieux encore dans son for intérieur. Et si dans un premier accès l'on a envoyé sa toile au rendez-vous des proscrits, au premier prétexte on la retire prudemment. Si bien que l'exposition libre, privée de ses meilleurs arguments, encombrée de grotesques endurcis, maintenue par les nullités vaillantes et convaincues, tourne généralement à la réhabilitation du jury, à la justification de l'Etat et à la glorification de la peinture officielle. *In sæcula sæculorum. Amen.*

Le public cependant nous a semblé fort aimable et muni de plénière indulgence. Il ne demanderait qu'à être enlevé. Il est navré. Nous nous garderons, nous, de nommer les maladroits et les grotesques. La liste en serait longue, et nous n'avons jamais su décourager personne. Les autres ne nous retiendront pas longtemps.

Dans le vestibule, deux ou trois sculptures protestent contre la sévérité du jury.

Les Taureaux de M. Martin : c'est lourd, c'est élémentaire, mais il y a là-dedans une certaine vigueur et du mouvement.

La *Colombine* de M. Gueyton a été refusée sans doute parce qu'elle n'est pas « finie » : nous connaissons l'anecdote.

Prenez un buste de M. Perraud, membre de l'Institut, placez-le en face du buste en marbre de M. Colin, et si vous voyez entre eux une différence de talent, proclamez-la, je

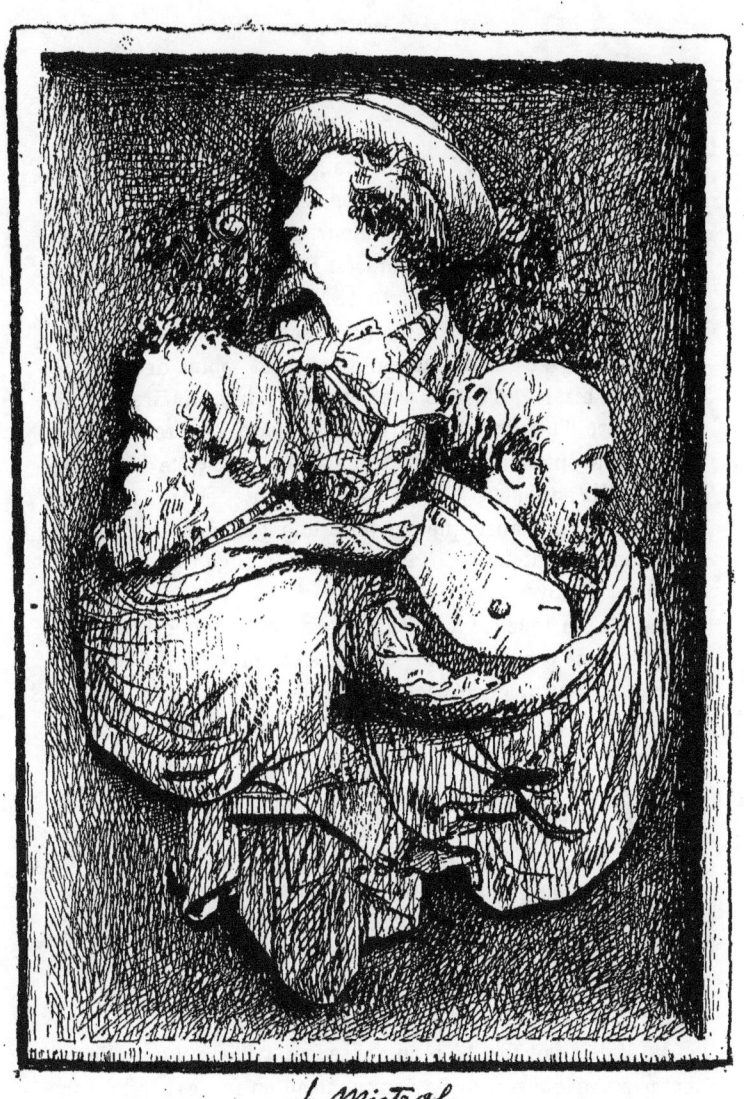

Les trois Poëtes provençaux, bas-relief en marbre, par AMY.

vous en conjure. Certes, il y a eu pis que ces trois œuvres au Salon de 1875.

L'Etang sous bois à Villebrun de M. Deshayes est le tableau qu'on s'étonne le plus de rencontrer aux Magasins-Réunis. Beaucoup de charme et de couleur, de la science aussi dans ce paysage qui a de faux airs de Français. La lumière trop diffuse en gâte l'effet, voilà tout. M. Deshayes compte treize expositions, dont une au moins récompensée. Il y avait aux Champs-Elysées cent cinquante paysages moins heureux.

Chose bizarre, n'est-ce pas? et fort extraordinaire que la rencontre d'un ancien prix de Rome parmi les refusés! Me trompé-je en attribuant ce titre à M. Risler? Sa tête de blonde petite fille en toilette d'hiver est charmante, et l'on ne s'explique sa malchance que par un crime dont nos Aristarques auraient eu confidence. Mais M. Risler néglige trop les fonds de ses tableaux.

« Près de toucher le but, Sisyphe voit ses efforts rendus impuissants par la force mystérieuse et voilée qui lui montre l'arrêt du Destin. » Ceci est la légende du tableau de M. Courbe. Le nom de ce peintre nous était hier encore profondément inconnu, à nous comme à bien d'autres. Est-il celui d'un débutant ou d'un lutteur fatigué? Je l'ignore. Si c'est d'un débutant, il percera. La composition de ce tableau, très-simple, accuse un réel sentiment de la grandeur. Soldat obscur, M. Courbe appartient au tout petit bataillon des sincères. Et il est coloriste. Mais qu'il travaille l'anatomie. Si tendue qu'elle soit par un surhumain effort, la musculature de son Sisyphe est exagérée dans des proportions tout à fait naïves et enfantines.

M. Mallet sait fort bien composer un tableau. Le rustique enterrement qui sort de ce vieux château en ruines perché sur la hauteur, et descend par ce chemin creux vers la campagne immense, est bien groupé, très-suffisamment peint. Il vous laisse une impression durable. Si M. Mallet avait *fini* les figures de ses personnages, aurait-il été refusé ? *That is...* etc.

Nous avons vu ailleurs quelques essais de M. Alfred Didier. Cet artiste est en progrès. Il y a dans sa *Madame Thérèse* un dramatique épisode du beau livre d'Erckmann-Chatrian ; il y a de vigoureux détails, du mouvement, de la couleur, de l'action. Mais aussi quelle confusion ! quel oubli de la perspective !

Si le ciel n'y était pas lourdement traité, je ne vois pas trop par où pécherait l'*Effet de neige* de M. Renouf. Encore un nom à retenir.

Avec celui de M. Rosalbin, auteur d'un *Lever de lune* préférable à tant de fusains reçus.

Dans les *Sangliers poursuivis par des loups*, de M. Grivel, le premier plan est très-réussi, mais point le second. Il ne faut pas donner pour fond aux neiges de janvier les brumes d'automne. Cette erreur explique le refus.

Il y a dans l'*Abel* de M. Robin de bons morceaux, la tête et le torse ; et d'excellentes choses aussi dans l'*Intérieur de ferme* de M. Bertrand, les *Fleurs* de M. Paillard, la *Scène villageoise* de M. Valton, un artiste consciencieux qui a fait dernièrement à la Salle Drouot une vente fructueuse, la *Nature morte* de M. Duval, où les cuivres et les tapis sont très-exacts ; dans le *Jésus chez Marthe et Marie* de M. Moricourt ; et dans les petits tableaux très-sincères et très-justes de M. Poloppe.

Nous pourrions encore, si nous estimions notre critique plus qu'elle ne vaut, distribuer çà et là aux hôtes des Magasins-Réunis quelques conseils agrémentés de quelques encouragements. Mais il faut bien finir, et nous avons réservé pour notre dessert de résistance le tableau de M. Léonce Petit.

Entre deux gendarmes, cela s'appelle. M. Léonce Petit est trop connu pour que nous ayons besoin de longuement souligner son nom. C'est un homme de conviction et de caractère. C'est un artiste qui pense, un satirique de talent qui compte depuis longtemps parmi nos caricaturistes les plus aimés. Il a exposé plusieurs fois déjà, et son Salon de 1874 entre autres a été fort remarqué. On lui a fait l'honneur, on lui a gracieusement octroyé la notoriété d'un refus inattendu. Pourquoi? Ceci est le secret des dieux.

M. Léonce Petit n'avait pas besoin de la mélancolieuse exposition des Magasins-Réunis pour mettre son œuvre en évidence. Elle a attiré deux mois durant à la vitrine d'un marchand de tableaux de la rue de Rennes un public incessamment renouvelé, dont le moindre détachement eût consolé la solitude de maint reçu très-illustre et très-officiel. Le sujet en est fort simple. Un pauvre diable en blouse bleue traverse la place d'un village entre deux gendarmes. Evénement considérable qui amène sur les portes toute la population. Une soixantaine de personnes, parmi lesquelles au dernier plan le curé, regardent: Je dis bien, ils regardent: Ils ne manifestent pas: Don Quichotte n'est point de passage chez eux. Ce sont de simples badauds, purs de toute démagogie. Leurs physionomies ont les expressions multiples et variées de toutes les badauderies imaginables. Les uns sourient malignement, les autres écarquillent des yeux bêtes. Ceux-ci s'étonnent. Il y a de la pitié chez ceux-là. Les gendarmes, deux honnêtes gendarmes de Nadaud, ont l'air pénétrés de l'importance de leur mission. Sur le premier plan, l'animal de qui tout est bon; celui qu'un Saint choisit pour compagnon et Monselet pour héros d'un sonnet, poursuit tranquillement un repas que ne troublent point nos sociales misères. Deux ou trois volatiles effarouchés font bien malgré eux avant-garde au cortège de la loi. C'est tout.

Encore une fois, ce tableau est un tableau, non une charge. L'artiste n'a pas délayé sa couleur avec du fiel. Il n'a pas brandi son pinceau à la manière d'un fouet vengeur. Il a observé et traduit son observation avec esprit, douceur et bonhomie.

Son œuvre est mieux qu'humoristique, elle est humaine. Ajouterons-nous que la peinture de M. Léonce Petit est vivante, franche de ton, harmonieuse d'ensemble, correcte de dessin, pleine d'air et de mouvement; que le ciel est excellent, le paysage très-réussi, et qu'en somme, la toile de M. Léonce Petit est loin de valoir moins que celles de MM. Denneulin et Simon Durand, médaillés pour des sujets presque analogues? Me demanderez-vous encore pourquoi M. Léonce Petit a été refusé? L'indiscrète question! Il paraît, nous a-t-on assuré, qu'il manquait un bouton à la tunique d'un gendarme.

« Cy finist » *le Voyage.*

Puisse notre récit ne pas trop déplaire à la gent irritable, *genus irritabile* des artistes, grands ou petits, élèves ou professeurs, libres ou officiels, et aussi à Monseigneur l'État qui ne fait généralement point mystère de sa susceptibilité extrême!

Nous n'avons, en quoi que ce soit, la prétention d'enseigner ni de redresser. Nos impressions ne sont que des impressions, et notre critique, disions-nous tout à l'heure, n'est que relative. En voyage, l'on écrit au galop et fiévreusement. Sans doute, il se sera glissé quelque vivacité dans notre polémique, si polémique il y a. Mais on y chercherait vainement une arrière-pensée malveillante vis-à-vis des intentions et des personnes. Pour être maladroit, l'État, en France, n'en est pas moins honnête et patriote, et l'on doit compter ses erreurs mêmes à l'actif de son patriotisme.

L'Institut, créé par la Révolution, et les écoles, tout assaillis qu'ils soient de quolibets, dont ils n'ont pas l'air de souffrir beaucoup, se recrutent, on le sait, toujours parmi les plus honorables et quelquefois parmi les plus éminents. Que les professeurs et jurés chérissent, protégent et récompensent leurs élèves, ceci est de nature humaine, et l'on ne trouverait qu'un pédant pour s'en étonner.

Certes, l'intérêt supérieur de l'art, le succès de la doctrine est leur seul guide à tous. Or, c'est précisément contre la doctrine que nous bataillons aujourd'hui et que nous bataillerons demain. Ce que nous attaquons, c'est la manie même de la protection, la rage de la réglementation. Nous croyons qu'on ne peut protéger efficacement l'art, le réglementer moins encore, et que la doctrine le tue...

Mais, de grâce, n'allons point nous remettre à conclure. En gens pressés, nous avons commencé par la conclusion, et notre premier chapitre, c'est notre fin.

A ceux que possède l'amour des formules, nous en offririons bien une, de très-haute et illustre ressemblance : l'Art libre dans l'État libre. Mais d'autant plus qu'elle ne veut rien dire, il nous la faudrait expliquer. Un noble et vigoureux esprit, M. Trélat a mieux traduit notre pensée : « Secourir les faibles, a-t-il dit, c'est bien, mais il faudrait auparavant libérer les forts. »

A mauvais entendeurs, salut.

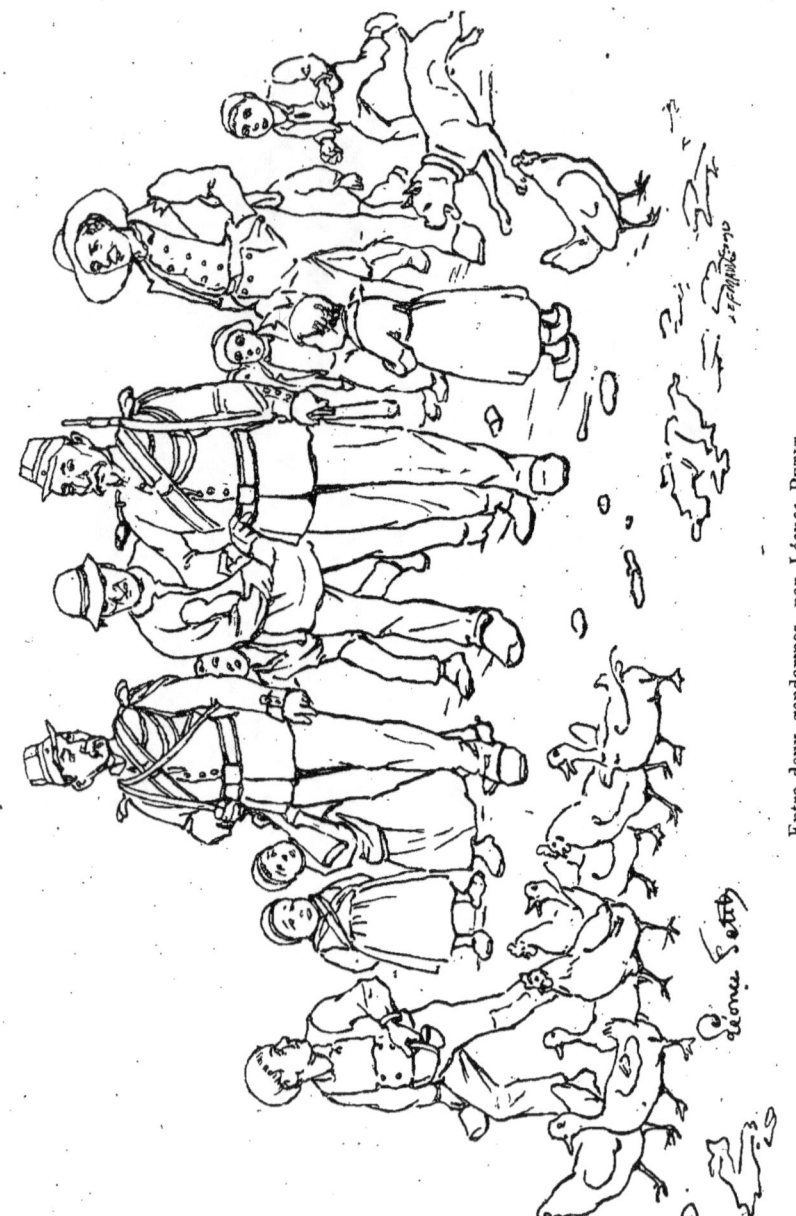

Entre deux gendarmes, par Léonce Petit.

TABLE DES CHAPITRES

Au lecteur.

I

Pas de printemps pour les peintres. — L'Iliade de la Cymaise. — Un peintre peut souffrir. — Histoire d'une pétition. — On demande un idéal homœopathique. — La première manche. 1

Peinture

II

Mais où donc sont les peintres? — Recette pour les trouver. — Une trace gluante. — Il y a une question Manet. — Le tir du Salon. — La France c'est la France. 7

III

M. Puvis de Chavannes et la noble Radegonde. — *En avant !* — M. Tadéma et le capiton romain. — La Gaule et Luminais. — M. Boulanger. — Poëte et peintre. — MM. Breton. — M. Bonnat, le bon larron et une femme forte. — M. Bastien Lepage et M. Cabanel. 14

IV

Inter bockula. — M. Jules Lefebvre. — A quoi pensent ils? — M. Paul Laurens. — M. Muncaksy et les jeux innocents. — MM. de Neuville, Bayard et Detaille. — Où on revoit M. Nazon. — Les artistes voyageurs. — MM. Jules Laurens et Guillaumet. 20

V

Albert, anonyme de Carolus Duran. — Fantin, confesseur de Véronèse. — Legros et l'Albion perfide. — Lhermitte et Feyen. — Les Hercules aveugles. — Une Ève aux courbes folles — Un lézard ingrat. — Le poëme du golfe Juan. — Marine et Mariniers. . 27

VI

La patience d'un géant ou les amours tracassés d'Acis et Galatée. — Prix et pavé du Salon. — Médailles et médaillés. — Ennuyons-nous, et silence dans les rangs! — Vollon et Valerio . . . 35

VII

Où le critique récite un *mea culpa*. — Corot, Français, Harpignies, Hanoteau. — Après les arrivés, les arrivants. — L'avoué de M. Henner. — MM. Harlamoff, A. Dumarescq, James Bertrand, etc. — De la crème dans une montre. — Mlle Tompkins. — Que vous dirai-je encore? — Et puis encore? — Le jardin nous appelle! . . 51

Sculpture

VIII

A la sculpture maintenant! — Adieu, Minerve! — Un serre-tête peu flatteur. — Maindron. — Qui ramasse les rognures de l'histoire? — M. Chapu. — Le secret d'en haut et le faune d'en bas. — MM. Pinceteau, Cugnot, Tournois. — Une laide Juliette. — MM. Perraud, Degeorge, Frémiet. — La bonne lorraine et M. Lefeuvre. — Jacques le Sauveur et M. Préault. — Un costume simple. — Métempsycose d'une oie en guitare. 61

IX

Médailles et médaillés. — Volumnia, femme de ménage. — Encore M. Perraud. — MM. Injalbert, Laurent Daragon. — Mlle Sarah Bernhardt. — Chislehurst à sa proie attaché. — Où est le saule pleu-

reur? — Les Italiens marbriers. — La sculpture polissonne. — Pas
ça! non, pas ça! — MM. Mercié, Lecointe, Dupuis. — M. Henri
Cros et son œuvre. — M. Amy. — Trois têtes sous un même laurier. — Félibres, qu'est-ce que c'est que ça? — Ne pas confondre
unité avec uniformité. 71

Architecture, Aquarelles, Pastels, Dessins, Gravures

X

On ne manquera pas d'églises. — Et l'architecture laïque? — Où
apparaît Honoré d'Urfé. — Ce serait bon à quelque chose, la
chromolithographie! — Faïences et porcelaines. — Aquarelles. —
Bida, Valerio. — Vieux faune et jeune amour. — Pastels. —
Mme Carolus Duran, M. Philippe Rousseau. — Dessins et dessinateurs. — Où sont les estampes d'antan? — Une invasion charmante.
— L'eau-forte et les aqua-fortistes. — Lithographie et gravure sur
bois. — En médailles et sur pierres fines. — Qui parle camées,
parle émaux. — Un Eldorado. — Plâtre et huile *for ever* ! —
Plus forts que les airains. 86

Salon des Refusés

XI

Aux Magasins-Réunis! — Bidel et les Refusés. — Commencement et
fin de la colère d'un Refusé. — Toujours M. Perraud! MM. Martin, Gueyton, Deshayes, Risler, Mallet, Didier, etc. — Entre deux
gendarmes. — M. Léonce Petit. — Compagnon d'un saint, héros
d'un sonnet. — Une question indiscrète. — Cy finist. — Une explication nécessaire. — A mauvais entendeurs, salut. 97

PARIS. — IMP. JULES LE CLERE ET Cⁱᵉ, RUE CASSETTE, 29.

www.ingramcontent.com/pod-product-compliance
Lightning Source LLC
Chambersburg PA
CBHW070300230526
45470CB00002B/654